अग्सवर्गको स्वीकारोक्ति

The Augsburg Confession in Nepali

SouthAsiaLutheranMission.com

विषयसूची

अग्सवर्गको स्वीकारोक्ति

यो विश्वासको स्वीकारोक्ति चाहिँ उहाँको सर्बोच्च महिमा चाल्र्स भि को लागि अग्सवर्गको स्थानिय बैठकमा इ.सं. १५३० मा निश्चित राजकुमारहरु र शहरहरू द्वारा भएको थियो ।

"म राजाहरुका समक्ष तपाईका कानुनहरुका विषयमा बोल्नेछु, अनि म लाजमा पर्ने छैन ।" भजन ११९:४६

प्रस्तावना

सम्राट चाल्र्स भि मा समर्पित

महान बिजयी सम्राट, कैसर अगस्टस, महान दयालु प्रभु ।

तपाईको सर्वोच्च महिमाका साथ यस अग्सवर्गमा टुर्कको विरुद्धमा काम गर्ने विषयमा भएको स्थानिय बैठकमा हाजिर हुन सक्छौं । जुन चाहिँ इसाई नाम र धर्मको एकदमै निर्दयी, परम्परागत र प्राचिन शत्रुहरु हुन् । अर्थात् हामीले यसरी उसको रिसलाई प्रभावकारी प्रकारले प्रतिरोध गर्न र बलियो र खडा भएको सैन्य फौजलाई प्रयोग गर्न सक्छौं । तपाईले पनि हामीले हाम्रो पवित्र धर्मलाई र इसाई विश्वासलाई अस्वीकार गर्न लगाउनु भयो । यसरी यस धर्मको विषयमा तपाईले यसको धारणालाई बिचार गर्न सक्नु हुन्थ्यो अनि एक अर्काको करुणा, नम्रता र दयामा तौलन सक्नु हुन्थ्यो । यसरी यसलाई निकालेपछि र सबै कुरालाई सुधार गरेपछि जसको हरेक

भागको लेखाईमा गलत प्रस्तुतिकरण वा गलत बुझाई भएको छ । यो विषय छिनोफानो गर्न सकिन्छ र यसलाई एउटा साधारण सत्यतामा र इसाई सम्झौतामा ल्याउन सकिन्छ । अनि जस्तो हामी एकमात्र ख्रीष्टको अधिनमा छौं र उहाँकै अधिनमा युद्ध गर्छौं र जसले गर्दा हामी एकतामा बस्न सक्छौं अनि इसाई मण्डलीसँग राम्रो सम्झौता गर्न पनि सक्छौं ।

यस बैठकलाई तपाईले हामीलाई निर्वाचित भएको व्यक्ति र राजकुमारहरु अनि अरुहरुलाई हामीसँगै अदालतमा पेश गराउनुभयो अनि त्यसरी नै अरु निर्वाचित व्यक्ति, राजकुरमारहरु र राम्रो दर्जाका मानिसलाई पेश गराउनुभयो अनि त्यसको लागि हामीले तपाईको सर्वोच्च महिमाबाट स्वीकृति पाउन सक्छौं । अनि त्यसको लागि हामी अग्सवर्गकोमा तुरुन्त आयौं । वास्तवमा पहिलो बैठकमा तपाईको सर्वोच्चताले अरु कुराहरुको बीचमा निर्वाचित व्यक्ति, राजकुमारहरु र शासकहरु मध्ये अरु क्षेत्रको मानिसलाई प्रस्ताव राख्छन् कि फरक क्षेत्रको शासकले सर्वोच्चको आदेशसँगै राखेर जर्मन र ल्याटिन भाषामा लेख्न र आफ्नो बिचार राख्न अनि न्याय गर्न सक्छन् । त्यसपछि अर्को बुधबार हामीले तपाईको सर्वोच्च व्यक्तिलाई जवाफ दियौं अनि केहि चिन्तन गर्‍यौं जुन चाहिँ लेखको रुपमा आउने बुधबारको दिनमा हाम्रो तर्फबाट यस स्वीकारोक्तिको लेखमा पेश गरिनेछ । यसकारण आज्ञाकारीतामा धर्मको विषयमा तपाईको सर्वोच्च व्यक्तिको इच्छा चाहिँ हामीले हाम्रो प्रचारकको र हाम्रो आफ्नो स्वीकारोक्तिलाई तिनीहरुले कस्तो प्रकारका कुराहरु

हाम्रो भुँमिमा, क्षेत्रमा र शहरमा अनि हाम्रो मण्डलीहरुमा पवित्र धर्मशास्त्रबाट र विशुद्ध प्रभुको बचनबाट सिकाउन् भन्ने कुरालाई प्रस्तुत गरौं भन्ने थियो ।

यदि अरु निर्वाचित व्यक्ति, राजकुमारहरु र यस क्षेत्रका शासकहरुले उहि सर्वोच्चताको आदेशलाई पछ्याउँछन् र सोहि प्रकारले ल्याटिन र जर्मन भाषामा आफ्नो लेखलाई प्रस्तुत गर्छन् अनि यी धार्मिक कुराहरुमा हामी तयार छौं भनेर आफ्नो धारणा राखीदिन्छन् अनि यसको साथै राजकुमारहरु र साथीहरुले पहिले नै सर्वोच्च महिमाको अगाडी नै हाम्रो एकदमै दयालु प्रभु भनेर उल्लेख गरिएको छ । जसले गर्दा हामी मित्रवत् रुपले सबै कुराकानी गर्न सक्छौं । हामी आदरणीय प्रकारले भेट गर्ने इच्छा गर्छौं । जसले गर्दा दुबै पक्षले हाम्रो बीचमा भएको असहमतिका कुराहरुमा शान्त प्रकारले अनि आक्रामक विवाद बिना कुराकानी गर्न सक्छन् । यसरी यो विवाद परमेश्वरको सहायताद्वारा निश्कर्षमा पुग्न सक्छ । अनि हामी एउटा सत्य स्थीर धर्ममा फर्किन सक्छौं । यी सबै कुरापछि हामी सबै एउटै ख्रीष्टको अधिनमा हुन्छौं । उहाँकै अधिनमा भएर युद्ध गर्छौं । यसकारण हामीले एउटै ख्रीष्टलाई उहाँको सर्वोच्चतामा राख्न आदेश दिने कुरालाई स्वीकार गर्नुपर्छ । अनि हरेक कुरा परमेश्वरको सत्यता अनुसार गर्नुपर्छ । किनभने यी सबै कुरामा हामी एकदमै उत्सुक भएर परमेश्वरमा प्रार्थना गर्छौं ।

जबकी त्यहाँ अरु पनि निर्वाचित व्यक्ति, राजकुमारहरु र अन्य व्यक्तित्वहरु छन् जो चाहिँ अर्को तर्फ छन् अनि तपाईको सर्वोच्च महिमा चाहिँ बुद्धिमानी प्रकारले बताईएको छ कि हामीले यस धार्मिक कुरालाई पारस्पारिक लेखनको प्रस्तुतिकरण र शान्त संवाद सँगै राख्न सक्छौं । अब यदि त्यहाँ प्रगति छैन र यस बातचितबाट हामीले कुनै सकारात्मक नतिजा निकाल्न सक्दैनौं भने पनि हामी तपाईलाई स्पष्ट गवाहीद्वारा छोड्ने छौं । कि हामीले यसमा इसाई सहमति जनाउने कुरामा तपाईहरुलाई कुनै बाधा दिने छैनौं । अझ भन्नु पर्दा यो चाहिँ परमेश्वरमा र असल विवेकमा सम्भव हुन्छ । यदि तपाईले यो कुरालाई निष्पक्ष बनाउनु हुन्छ भने तपाईको सर्वोच्च महिमा र अन्य निर्वाचित र मुख्य क्षेत्र पनि अनि सबै जना जो इमान्दारीता पुर्वक र जोशका साथ धर्मलाई प्रेम गर्छन् तिनीहरु दयालु रुपमा अवलोकन गरिएका र यसलाई हाम्रो स्वीकारोक्तिद्वारा बुझ्ने भएका छन् ।

तपाईको सर्वोच्च महिमा, एक चोटी मात्र होईन तर अक्सर स्पाईर्स (Spires) को इ.सं. १५२६ मा भएको बैठकमा समावेश गरिएको कुरा पनि कृपा पुर्व निर्वाचित व्यक्ति, राजकुमारहरु र अन्य बिशिष्ट व्यक्तिहरुलाई जानकारी गराईएको थियो अनि तपाईको सर्वोच्च निर्देशन दिइएको र आज्ञा गरिएको थियो । किनकी यो तपाईको महिमाको बारेमा लेखिएको र प्रकाशन गरिएको थियो । जसले धर्मको विषयमा निश्चित कारणको लागि वकालत गर्छ जुन चाहिँ तपाईको महिमित नाममा भएको थियो त्यो चाहिँ अन्तिम निर्णय

गर्न र दृढ संकल्प गर्न इच्छा गरिएको थिएन । बरु तपाईको महिमाले साधारण परिषद्लाई आह्वान गर्नको लागि रोमी पोपसँगै तपाईको महिमित कामलाई लगनशीलतापुर्वक प्रयोग गर्न चाहेको थियो । तिनीहरुले स्पाईर्स को बैठकमा त्यहि सन्देशलाई एक बर्ष अगाडी अलि बृहत बनाएर फेरि प्रकाशन गरे । त्यहाँ हे सर्वोच्च महिमा, उहाँको उच्च फर्डिनान्ड (Ferdinand), बोहेमिया (Bohemia) र हंगेरी (Hungary) को राजा, हाम्रो मित्र र दयालु प्रभु साथै हाम्रो बक्ताद्वारा र उच्च आयुक्तहरुले हरु कुराहरुको घोषणा गर्छन् जुन तपाईको सर्वोच्च महानताले राखिएको र तपाईको महिमित प्रतिनिधित्वको संकल्प अनुसार शासक र अध्यक्ष र सर्वोच्च परामर्शदाताको बारेमा बिचार गरिएको थियो अनि अरु क्षेत्रका मानिसहरुलाई राटिस्वन (Ratisbon) मा परिषद्को बोलावटको सन्दर्भमा र तपाईको सर्वोच्च महिमाले न्याय गरि परिषद्लाई उपयुक्त हुने गरि बोलाईएको थियो । अनि तपाईको सर्वोच्च महिमामा रोमी पोपले साधारण परिषद्लाई प्रेरित गर्न सक्छन् भन्ने कुरामा कुनै शंका छैन । किनभने यो कुरा तपाईको सर्वोच्चता र रोमी पोपको नजिक रहेर इसाईहरु बीचमा मिलाप गराईएको छ । तपाईको सर्वोच्च महिमा, यसकारण तपाई आफै त्यो छाप हुनुहुन्छ कि तपाईले साधारण परिषद्लाई आह्वान गर्नको लागि मुख्य पोपको सहमति प्राप्त गर्न सक्नु हुनेछ ।

यसकारण यसको नतिजा चाहिँ हामी र अर्को पक्षको बिचमा भएको धार्मिक कुराको विषयमा हुने असहमतिमा हुन्छ जसले सौहार्दपुर्ण रुपमा र परोपकारी रुपमा यसलाई प्राप्त गर्दैनन् । यस विषयमा यहाँ तपाईको सर्वोच्च महिमापुर्ण उपस्थितिले हामीलाई आज्ञाकारीतामा सम्पुर्ण कुरा दिईएको छ । यसको साथै जे हामीसँग छ त्यो पहिले नै भएको थियो कि हामी त्यसमा देखा पर्छौं र यसलाई साधारण प्रकारले र निशुल्क इसाई परामर्श दिएर रक्षा गर्छौं । यस्तो परिषद्लाई आह्वान गर्नको लागि त्यहाँ सम्झौता हुनु र निर्वाचित व्यक्ति, राजकुमार र अन्य शासकहरुको बीचमा सम्पुर्ण महत्वपुर्ण बैठक उहाँको उपस्थितिमा भएको हो भन्ने चेतना हुनुपर्छ । यस साधारण परिषद्को सभामा अनि त्यसै समयमा तपाईको सर्वोच्च महिमामा हामीसँग पहिले नै भएको कुराहरुद्वारा सबै औपचारिकताहरु र कानुनी प्रक्रियाहरु पुरा गर्न सक्छौं अनि हामी आफैलाई सम्बोधन गर्न र यस महिमापुर्ण र गम्भीर विषयमा अपिल गर्न सक्छौं । तपाईको सर्वोच्च महिमा र परिषद् दुबैको लागि हामी अझैं यो अपिल गर्छौं । यस कागजात वा अरु कुनै कुराद्वारा अपिल गरिएको कुरालाई त्याग्नको लागि हामीसँग कुनै इरादा छैन न त कुनै इरादा राख्न नै सक्छौं । जबसम्म हामी र अर्को पक्षसँग भएको असहमति सौहार्दपुर्ण रुपमा र पारस्परिक रुपमा हुन्छ त्यसलाई टाढा राखिन्छ र यसलाई पछिल्लो सर्वोच्च उद्धरणमा मुख्य बस्तुको रुपमा इसाई सहमतिमा राखिन्छ । यसलाई हामी यहाँ गम्भिरतापुर्वक र सार्वजानिक रुपमा गवाही दिन्छौं ।

विश्वासको मुख्य लेख

लेख १ परमेश्वरमा

हाम्रा मण्डलीहरुले सर्वसम्मतिले सिकाउँछन् कि इश्वरीय सारमा भएको निसियाको सन्दर्भमा र तीन व्यक्तिको सन्दर्भमा भएको कानुन चाहिँ साँचो हो र त्यसलाई कुनै पनि शंका बिना विश्वास गर्नु पर्छ । यसको अर्थ यो हो कि त्यहाँ एक इश्वरीय सार तत्व छ । जो चाहिँ परमेश्वर हुनुहुन्छ अनि उहाँ अनन्तको, शरीर बिनाको, अंग बिनाको, असिमित शक्ति सहितको अनि सम्पुर्ण असल कुरा भएको अनि सम्पुर्ण हृदय र अदृश्य कुराहरु बनाउनुहुने र संरक्षण गर्नु हुने हुनुहुन्छ । अनि अझ त्यहाँ तीन व्यतित्व हुनुहुन्छ जसमा एउटै सार तत्व र शक्ति छ । अनि जो अनन्तको पिता, पुत्र र पवित्र आत्मा हुनुहुन्छ । अनि हामी उहाँलाई व्यक्ति भनि सम्बोधन गर्छौं । जस्तो मण्डली प्रमुखलाई जस्तै गरि एक अर्काको भाग हुनेगरि वा एक अर्कालाई संकेत गर्ने गरि होइन तर उहाँ आफैमा निहित भएको जस्तै गरि ।

हामी सबै पाखण्डीपनको निन्दा गर्छौं जुन चाहिँ यस लेखको विरुद्धमा आएको छ । जस्तै मिनिचाइन (Manichaneans) हरु जसले दुईवटा सिद्धान्तमा विश्वास गर्छन् । एउटा असल र अर्को खराब । हामी भ्यालेन्टिनियन, एरियन, युनोमियन, मोहम्मेडन र तिनीहरु जस्ता सबैको निन्दा गर्छौं । हामी समोस्टेनेस, पुरानो र नयाँको पनि निन्दा गर्छौं जसले त्यहाँ एकमात्र व्यक्ति हुनुहुन्छ भनि सुक्ष्म र बेइमानी तर्क गर्छन् ।

अनि तिनीहरुले परमेश्वरको बचन र पवित्र आत्मा भिन्न होइनन् भनि तर्क गर्छन् तर त्यो बचन बोलिएको बचनको चिन्ह र आत्माले चाललाई संकेत गर्छन् ।

लेख २ मौलिक पापमा

हामीले यो पनि सिकाउँछौं कि आदमको पापले गर्दा अहिलेसम्म संसारमा जन्म लिएका मानिसहरु प्राकृतिक रुपले नै पापी हुन्छन् त्यो चाहिँ परमेश्वरको भय बिनाको हुनु, परमेश्वरमा भरोसा नगर्नु अनि संवेदना सहित हुनु हो । अनि हामी सिकाउँछौं कि यो रोग वा यसको उत्पत्तीको श्रोत चाहिँ अवश्य पनि पाप हो जसले गर्दा पवित्र आत्मा र बप्तिष्माद्वारा पुनर्जन्म नपाएकाहरु अनन्तको मृत्युमा पर्नेछन् ।

हामी पेलियनहरु र अरुलाई पनि दोष दिन्छौं जसले मौलिक भ्रष्टता चाहिँ पाप हो भन्ने कुरालाई इन्कार गर्छन् अनि जो ख्रीष्टको महिमाको योग्यता र फाइदा प्रति अस्पष्ट छन् । अनि उनीहरुले मानिस परमेश्वरको अगाडी न्यायमा पर्नुपर्छ भन्ने कुराको खण्डन गर्छन् र आफ्नै शक्ति र आफ्नै कुराहरुमा भर पर्छन् ।

लेख ३ परमेश्वरको पुत्रमा

हामी यो पनि सिकाउँछौं कि बचन नै परमेश्वरको पुत्र हुनुहुन्छ । जो चाहिँ मानवीय स्वभावमा संसारका कन्या मरियमबाट जन्म लिनुभयो । जसले गर्दा उहाँमा दुई स्वभाव छ, एउटा इश्वरीय स्वभाव र अर्को मानव स्वभाव, जुन चाहिँ अभिवाज्य रुपमा एउटै व्यक्तिमा, एउटै ख्रीष्टमा, साँचो परमेश्वरमा र साँचो मानवमा जोडिएको छ । जो चाहिँ कन्या मरियमबाट जन्मनु भयो, साँच्चै कष्ट भोग्नुभयो, क्रुसमा

टार्गिँनुभयो, मर्नुभयो अनि गाडिनुभयो जसले गर्दा उहाँले हामीलाई पितासँग मिलाप गराउनुभयो । जसको लागि उहाँ बलिदान हुनु भयो केवल मौलिक पापको लागि मात्र होइन तर मानवजातिको सम्पुर्ण पापको लागि हो । अनि उहाँ चिहान सम्मै पुग्नु भयो र तेश्रो दिनमा बौरी उठ्नुभयो । यसपछि उहाँ स्वर्गमा चढ्नुभयो अनि अहिले पिताको दाहिने हातपट्टि बस्नुभएको छ । अनि उहाँले सधैको लागि शासन गर्नु हुन्छ र सम्पुर्ण सृष्टिमाथि अधिकार गर्नुहुनेछ । जसले उहाँलाई विश्वास गर्छन् तिनीहरुलाई पवित्र आत्मा तिनीहरुको हृदयमा पठाएर पवित्र पार्नुहुनेछ र उनीहरुमाथि शासन गर्नुहुन्छ । आरामको स्थानमा राख्नु हुन्छ र तिनीहरुलाई जीवनमा फर्काउनुहुन्छ अनि तिनीहरुमाथि आईलाग्ने शैतान र पापको शक्तिको विरुद्धमा लड्नुहुनेछ ।

अनि त्यहि ख्रीष्ट हामी जीउँदा र मरेकाहरुको न्याय गर्नलाई फेरि आउनुहुनेछ आदी । प्रेरितहरुको विश्वासको सार अनुसार ।

लेख ४ पापमुक्त गराउने कुरामा ।

हामी यो पनि सिकाउँछौँ कि मानिस परमेश्वरको अगाडी आफ्नै प्रयास, योग्यता र कामद्वारा सिद्ध हुन सक्दैन तर ख्रीष्टमार्फत विश्वासद्वारा सित्तैमा सिद्ध हुन सक्छ । जब तिनीहरुले परमेश्वरको स्वीकृति पाउँछन् त्यसले गर्दा उनीहरुको पाप क्षमा हुन्छ । त्यो केवल ख्रीष्टबाटको हो । जो उहाँको मृत्युद्वारा हाम्रा पापहरु धोईएका छन् । परमेश्वरले यस अभियोगलाई उहाँको नजरमा धार्मिकता बनाउनुभयो । रोमी ३ र ४ अध्याय ।

लेख ५ सेवकाईमा ।

यसमा साथै हामीले यो विश्वास, सुसमाचार प्रचार गर्ने सिकाउने सेवाकाई र स्थापित गरिएको विधिविधानलाई संस्थागत गर्ने कुरा पाउन सक्छौं । किनभने बचन र विधिविधानद्वारा नै पवित्र आत्मा साधनको रुपमा दिईएको छ । जसले जहाँ र जहिले पनि विश्वासमा काम गर्छन् । अनि जसलाई सुसमाचार सुनाइन्छ तिनीहरुद्वारा परमेश्वर खुसी हुनुहुन्छ । यो एउटा समाचार हो कि परमेश्वरबाट ख्रीष्टमार्फत त्यो प्राप्त हुन्छ अनि त्यो आफैबाट होईन । जसले उहाँमा विश्वास गर्छन् अनि ख्रीष्टको अनुग्रह प्राप्त गर्छन् । तिनीहरु न्यायमा पर्ने छैनन् ।

हामी एनाव्यापिटष्ट (Anabaptists) हरु र अरुहरुलाई दोष दिन्छौं जसले पवित्र आत्मा हामीमा बाहिरी बचनहरु बिना नै आउनुहुन्छ अनि तिनीहरुको तयारी र काम बिना नै आउनुहुन्छ भनि सिकाउँछन् ।

लेख ६ नयाँ आज्ञाकारीतामा

हामी यो पनि सिकाउँछौं कि यो विश्वासले प्रशस्त गरि असल फल लिएर आउँछ अनि यसको लागि हामीले असल काम गर्नु आवश्यक छ किनभने यो परमेश्वरको इच्छा हो । तर हामी यो सिकाउँछौं कि परमेश्वरको अगाडी योग्य ठहरिनको लागि त्यस्ता काममा भर पर्दैनौं । किनभने पापको क्षमा र न्याय चाहिँ विश्वासबाट आउँछ । जस्तो परमेश्वरको बचनले भन्दछ । त्यसरी नै तिमीहरुलाई अह्राएका सबै काम पुरा गरेपछि तिमीहरुले पनि यसो भन हामी नालायक दास हौं । लुका १७:१०

मण्डली प्रमुखले पनि यहि कुरा सिकाउँछन् । किनकी एम्ब्रोसले भन्दछन् कि परमेश्वरले यसलाई अभिषेक गर्नुभएको छ कि जसले उहाँमा विश्वास गर्छ तिनीहरु बाँच्नेछन् र सित्तैमा पाप क्षमा पाउनेछन् । काम बिना केवल विश्वासबाट मात्र ।

लेख ७ मण्डलीको

हामीले यो पनि सिकाउँछौं कि एउटा पवित्र मण्डली सधैंभरिको लागि रहन्छ । मण्डली चाहिँ सन्तहरुको समुह हो । जसमा सुसमाचारलाई सहि प्रकारले सिकाईन्छ र विधिविधानहरु सहि प्रकारले संस्थागत गरिन्छन् ।

अनि हामीले यो पनि सिकाउँछौं कि मण्डलीको सत्य एकताको लागि सुसमाचारको सिद्धान्तमा सहमत हुनु जरुरी छ अनि विधिविधानको व्यवस्थापन गर्नु जरुरी छ । अनि मानवीय परम्परा जुन संस्कार र समारोहहरुलाई सच्याउनु जरुरी छैन जुन चाहिँ मानिसहरुद्वारा शुरु गरिएको हो अनि यो सबै ठाउँमा भईराखेको छ । जस्तो पावल भन्दछन्: "एउटै विश्वास, एउटै बप्तिष्मा, हामी सबैका एउटै परमेश्वर" आदी । एफिसी ४:५–६

लेख ८ मण्डली जे हो

यद्यपी मण्डली चाहिँ विशेषगरि सन्तहरु र साँचो विश्वासीहरुको समुह हो । अनि यो जीवनमा धेरै कपटी र दुष्ट मानिसहरु तिनीहरुको बीचमा छन् । दुष्ट मानिसले विधिविधान व्यवस्थापन

गरे पनि नियमको आधारमा त्यसलाई पालन गर्नु पर्ने हुन्छ । जस्तो ख्रीष्टले भन्नुभएको छ । “शाश्त्री र फरिसीहरु मोशाको आशनमा बस्दछन् ।” आदी मत्ती २३:२ । यी दुबै बचन र विधिविधान प्रभावकारी हुन्छन् किनकी यो खीष्टको आज्ञा र उहाँले शुरु गर्नु भएको कुरा हो । यद्यपी दुष्ट मानिसले यसलाई परिचालन गर्छन् । हामी डोनाटिस्ट (Donatists) लाई दोष दिन्छौं अनि अरुले त्यसलाई मन पराउँछन् । जसले मण्डली भित्र दुष्ट मानिसले सेवा गर्नु गलत छ भन्दै कतिपय त्यस्ता कामलाई इन्कार गर्छन् अनि जसले दुष्ट मानिसहरुको सेवाकाई चाहिँ लाभहिन र प्रभावहिन हुन्छ भनि सोच्छन् ।

लेख ९ बप्तिष्मामा

हामीले यो सिकाउँछौं कि बप्तिष्मा मुक्तिको लागि आवश्यक छ अनि बप्तिष्माद्वारा परमेश्वरको अनुग्रह दिईन्छ । हामीले यो पनि सिकाउँछौं कि बालबालिकाहरुले पनि बप्तिष्मा लिनु आवश्यक छ । तिनीहरु जो बप्तिष्माद्वारा नै परमेश्वरका हुन्छन् अनि परमेश्वरको अनुग्रह प्राप्त गर्छन् ।

हामी एनाव्याप्टिष्टहरुलाई दोष दिन्छौं जसले बाल बप्तिष्मालाई इन्कार गर्छन् र बालकहरु बप्तिष्मा बिना पनि बचाईन्छन् भन्ने विश्वास गर्छन् ।

लेख १० प्रभुभोजमा

प्रभुभोजमा हामी यो सिकाउँछौँ कि ख्रीष्टको शरीर र रगत साँचो रुपमा प्रस्तुत हुन्छ अनि त्यो प्रभुभोज लिनेहरुलाई बाडिन्छ । यो बाहेकका शिक्षा दिनेहरुलाई हामी इन्कार गर्छौं ।

लेख ११ स्वीकारोक्तिमा

स्वीकारोक्तिमा हामी यो सिकाउँछौँ कि निजी मुक्ति चाहिँ मण्डलीमा निरन्तर हुन्छ यद्यपी स्वीकारोक्तिमा । अनि सबै पापहरुको गणना गर्नु आवश्यक छैन । किनकी भजनसंग्रह अनुसार यो असम्भव हो । "आफ्ना भुलहरु कसले थाहा पाउन सक्छ ?" भजन १९:१२

लेख १२ प्रायश्चितमा

प्रायश्चितको बीचमा हामी यो सिकाउँछौँ कि जसले बप्तिष्मा पछि पनि पाप गर्छन् र फेरि प्रायश्चित गर्छन् भने तिनीहरुले पापबाट छुटकारा पाउँछ् । अनि यस्तो अवस्थामा मण्डलीले पश्चातापमा फर्किनेहरुलाई पापको क्षमादानको विषयमा बताउनुपर्छ ।

अब प्रायश्चित चाहिँ यी दुई भागमा ठिकसित रहन्छ । पहिलो चाहिँ पछुतो हो जुन चाहिँ कसैमाथि पापको ज्ञान दिएर त्रसित पार्नु हो । अनि दोश्रो चाहिँ विश्वास हो जुन चाहिँ सुसमाचार प्रचारबाट उत्पत्ती हुन्छ वा क्षमादानबाट आउँछ । यो विश्वासले ख्रीष्टबाट पाप क्षमा हुन्छ भन्ने कुरा विश्वास गर्छ अनि यो विवेकपुर्ण प्रकारले आराम

गर्छ र त्रासबाट छुटकारा दिन्छ । त्यसपछि असल कामले पछ्याउन थाल्छ । जुन चाहिँ पश्चातापका फलहरु हुन् ।

हामी एनाव्याप्टिष्टहरुलाई दोष दिन्छौं जसले न्यायमा पर्नेहरुले पवित्र आत्मा गुमाउँदैनन् भन्छन् । हामी तिनीहरुलाई पनि दोष दिन्छौं जसले कोहि मानिसहरु यो जीवनमा सिद्धता प्राप्त गरेपछि तिनीहरुले फेरि पाप गर्न सक्दैनन् भन्छन् ।

हामी नोभाटियन (Novatians) हरुलाई पनि दोष दिन्छौं कि जसले बप्तिष्मा पछि पापमा परेकाहरु पनि पश्चतापमा फर्केपछि पापबाट स्वतन्त्र हुन्छन् भन्ने कुरा स्वीकार गर्दैनन् । तिनीहरुले यो पनि इन्कार गर्छन् जसले यो सिकाउँदैनन् कि पापको क्षमा विश्वासबाट आउँछ तर हामीलाई आफैलाई सन्तुष्ट पारेर अनुग्रह पाउने योग्य हुन आज्ञा गर्छन् ।

लेख १३ : विधिविधानको प्रयोगमा

विधिविधानको प्रयोगमा हामी सिकाउँछौं कि मानिसहरुको कामको छापको रुपमा होईन तर अझ चिन्हहरु पाउन र परमेश्वरको इच्छा हामीमा भएको कुराको गवाही दिन विधिविधान पालना गरिन्छ । यसको प्रयोग गर्नेहरुको विश्वासलाई जगाउनको लागि परमेश्वरले नै यसको शुरु गर्नु हुन्छ । यसको लागि हामीले सहि प्रकारले विधिविधानको प्रयोग गर्नु पर्छ जसले विश्वासलाई बढाउँछ । हामीलाई दिईएको प्रतिज्ञामा विश्वास गर्न र अनन्तसम्म विधिविधानलाई स्थायी राख्नेको लागि हुन्छ ।

यसकारण हामी तिनीहरुलाई दोष दिन्छौं कि जसले बाहिरी कामहरुद्वारा विधिविधान पालनाको न्याय गर्ने शिक्षा दिन्छन् अनि जसले यो सिकाउँदैनन् कि तिनहरुले विधिविधान पालन गर्ने कुरामा पाप क्षमा हुन्छ भन्ने कुरा स्वीकार गर्न विश्वास आवश्यक हुन्छ ।

लेख १४ मण्डली उपदेशको क्रममा

मण्डली उपदेशको क्रममा हामी यो पनि सिकाउँछौं कि कसैले पनि मण्डलीमा सार्वजनिक रुपमा नै सिकाउनु वा विधिविधानको काम सञ्चालन गर्नु हुँदैन जबसम्म ऊ नियमित रुपमा त्यस काममा बोलाईएको हुँदैन ।

लेख १५ मण्डलीको पहिरनमा

मण्डलीको पहिरनको सन्दर्भमा हामी यो सिकाउँछौ कि हामीले कुन व्यक्ति पापरहित बन्न सक्छ र कुन कुराहरु शान्तिको लागि र मण्डलीको सहि क्रमको लागि फाइदाजनक छ भनेर हेर्नु पर्छ । जस्तो विशेष पवित्र दिन, चाडपर्वहरु अनि यस्तै कुराहरु ।
तथापी यस्ता कुराहरुको विषयमा हरेक मानिस विवेकको बोझमा नरहन चेतावती दिन्छौं । जस्तो यी विधीहरु मुक्तिको लागि आवश्यक थिए ।

हामी यो पनि चेतावनी दिन्छौं कि परमेश्वरलाई शान्त पार्ने अनुग्रहको योग्य हुने र पाप क्षमा गर्ने सम्पुर्ण मानवीय संस्कारहरु लागु गर्नुपर्छ । जुन कुराहरु सुसमाचारको विरुद्धमा हुन्छन् अनि

विश्वासको सिद्धान्तमा हुन्छन् । यसको लागि, प्रतिज्ञा र संस्कारहरु चाखलाग्दो र दैनिक हुन्छन् आदि । जुन चाहिँ अनुग्रहको योग्य हुन् र पापबाट उन्मुक्ति पाउन हुन्छन् ती चाहिँ प्रयोग बिहिन र सुसमाचारको बिपरित हुन्छन् ।

लेख १६ नागरिक मामिलाहरुमा

नागरिक मामिलाहरुमा हामी यो सिकाउँछौ कि कानुनसम्मत नागरिक अध्यादेशहरु परमेश्वरको असल काम हुन् कि इसाईहरुलाई नागरिक कर्तव्य पालन गर्ने अनुमति छ । न्याय आशनमा बस्न, सर्वोच्च स्थानमा बसेर न्याय गर्ने अनि कानुनलाई अस्तित्वमा राख्न दण्ड सजाय दिन, युद्धमा सामेल हुन, आर्मी पुलिस बन्न, कानुनी करार गर्ने, सम्पत्ती जम्मा गर्ने, न्यायाधिसको अगाडी कसम खान, श्रीमति बिहे गर्ने, विवाहमा उपहार दिन ।
हामी एनाव्याप्टिष्टहरुलाई दोष दिन्छौँ जसले यस्ता नागरिकले गर्नु पर्ने कुराहरु इसाईले गर्नु हुँदैन भनेर सिकाउँछन् ।

हामी तिनीहरुलाई पनि दोष दिन्छौँ जसले सुसमाचारीय सिद्धतालाई परमेश्वरको भयमा र विश्वासको स्थानमा राख्दैनन् तर नागरिक कामलाई त्याग्छन् । किनकी सुसमाचारले हृदयको अनन्त धार्मिकतालाई सिकाउँछन् । यसैबिच सुसमाचारले कुनै राज्य वा परिवारको विनाश गर्दैन तर धेरै कुराहरु आवश्यक हुन्छन् जसले गर्दा तिनीहरुले परमेश्वरका नियमहरुलाई बचाउनुपर्छ अनि त्यस्ता

सहायताहरु यस्ता विधिविधानहरुमा अभ्यास गरिनु पर्छ । यसकारण इसाईहरु तिनीहरुलाई पाप गर्न दिने कुराहरु बाहेक आफ्नो न्यायधिस र कानुनको परिधिभित्र रहेर तिनीहरुको आज्ञापालन गर्नु पर्छ । हामीले मानिसहरुको होइन तर परमेश्वरको आज्ञापालन गर्नै पर्छ । प्रेरित ५:२९

लेख १७ ख्रीष्ट न्याय गर्न आउने कुरामा

हामीले यो पनि सिकाउछौँ कि संसारको अन्त्यको समयमा ख्रीष्ट फेरि न्यायको लागि देखा पर्नु हुनेछ अनि सबै मृतकहरु उठ्नेछन् । उहाँले परमेश्वरमा जीउने र चुनिएकाहरुलाई अनन्तको जीवन, अनन्तको आनन्द दिनु हुनेछ तर अविश्वासीहरु चाहिँ दोषी ठहरिनेछन् अनि दुष्ट आत्माले सधैंभरि तिनीहरुलाई सताउनेछ । हामी एनाव्याप्टिष्टहरुलाई दोष दिन्छौँ जसले मानिसहरु र दुष्टको सजायको अन्त्य हुन्छ भनि बिचार गर्छन् ।

हामी तिनीहरुलाई पनि दोष दिन्छौँ जसले मृतकहरुको पुनरुत्थान हुनु अगाडी परमेश्वरमा विश्वास गर्नेहरुले संसारीक राज्यलाई कब्जा गर्नेछन् र त्यहि समयमा अविश्वासीहरु सबैतिर दवाईनेछन् भनि केहि निश्चित यहुदिहरुको बिचारलाई फैलाईरहेका छन् ।

लेख १८ स्वतन्त्र इच्छामा

स्वतन्त्र इच्छामा हामी यो सिकाउँछौं कि मानिसको इच्छा चाहिँ उसले नागरिक धार्मिकतामा रहेर केहि स्वतन्त्रता रोज्न पाओस् अनि आफ्नो इच्छाद्वारा नै केहि काम गर्न पाओस् भन्ने हो । तर मानिसको इच्छामा चाहिँ परमेश्वरको धार्मिकतामा रहेर जीउने कामको लागि कुनै शक्ति छैन । उ पवित्र आत्मा बिहिन छ । त्यो चाहिँ आत्मिक धार्मिकता हो । "किनकी जो मानिस आत्मिक छैन, त्यसले परमेश्वरको आत्माका कुराहरु ग्रहण गर्दैन ।" १ कोरिन्थी २:१४ बरु आत्मिकी धार्मिकता चाहिँ हृदयमा उत्पन्न हुन्छ जब बचनमार्फत भएर पवित्र आत्मालाई ग्रहण गर्छन् ।

अगस्टिनले उहाँको हिपोग्नोस्टिकन (Hypognosticon) पुस्तक ३ मा "यी कुराहरु धेरै शब्दमा भनेका छन् । हामी हरेक मानिसको स्वतन्त्र इच्छा होस् भन्ने अनुमति दिन्छौं । यो सित्तैमा हो, अझ भन्नुपर्दा न्यायको कारणले गर्दा हो र मानिस आफै क्षमतावान भएकोले होईन । परमेश्वर बिना न त शुरु गर्न नै सकिन्छन त परमेश्वरको अधिनमा भएको कुरालाई अन्त्य गर्न नै सकिन्छ तर केवल हाम्रो यो जीवनमा असल हो कि खराब हो भन्न मात्र सक्छौं । हामी असल भन्छौं यदि उक्त कुरा असल प्रकृतिबाट आएको छ भने जस्तो खेतमा परिश्रम गर्ने इच्छा गर्नु, कुनै कुरा खानु वा पिउनु, साथी बनाउनु, कसैलाई लगाउने कुरा दिनु, घर बनाउनु, श्रीमति बिहे गर्नु, गाईबस्तु पाल्नु, हामीलाई आवश्यक पर्ने कलाहरु सिक्नु वा यो जीवनमा असल हुने कुराहरु गर्नु । किनभने यी सबै कुराहरु परमेश्वरले जुटाउने कुरामा निर्भर रहँदैनन् । वास्तवमा उहाँको र

उहाँबाट तिनीहरुले यी कुरा प्राप्त गर्छन् । मुर्तिपुजाको इच्छा गर्नु, हत्या गर्नु जस्ता कुरालाई हामी खराब कुरा भन्छौं ।"

हामी पेलाजीयन (Pelagians) हरुलाई दोष दिन्छौं जसले यो सिकाउँछन् कि पवित्र आत्मा बिना केवल प्रकृतिको शक्तिबाट मात्र हामी परमेश्वरलाई सबै भन्दा बढि प्रेम गर्न सक्छौं । अझ परमेश्वरको आज्ञापालन गर्न सक्छौं । कुनै पदार्थलाई छोएको जस्तो किनकी यद्यपी प्रकृतिले चाहिँ केहि हदसम्म बाहिरी काम गर्न सक्छ । (किनकी यसले चोट र हत्याको हातबाट छुटाउन मद्धत गर्छ ।) अझै यसले परमेश्वरको डर, परमेश्वरमा भरोसा गर्ने कुरा, पवित्रता, धैर्यता आदी जस्ता भित्री चाललाई उत्पादन गर्न सक्दैन ।

लेख १९ पापको कारणमा

पापको कारणमा हामी यो सिकाउँछौं कि परमेश्वरले प्रकृतिलाई बनाउनु र जोगाउनु हुन्छ । जबकी पापको कारण चाहिँ दुष्ट इच्छा हो त्यो चाहिँ शैतान र अविश्वासी मानिस हो । त्यो इच्छा चाहिँ परमेश्वरको सहयोग बिना परमेश्वरबाट भाग्ने हुन्छ । जस्तो ख्रीष्ट भन्नु हुन्छः "जब त्यसले झुट बोल्दछ त्यसले आफ्नै स्वभावअनुसार बोल्दछ ।" युहन्ना ८:४४

लेख २० असल काममा

हाम्रो शिक्षकहरु असल कामलई निषेध गरेको झुटो आरोपमा परेका छन् । तिनीहरुको दश आज्ञाको प्रकासीत लेखहरु र त्यस्तै समान कुराहरु, दुख सहेको गवाहीहरु आदी जुन विषयमा आफ्नो काम कर्तव्य जीवनमा पुरा गर्नको लागि तिनीहरुलाई राम्रोसँग सिकाईएको छ । यस अघि प्रचारकहरुले यी कुराहरु सिकाउन गाह्रो मान्थे अनि अपरिपक्व कुराहरुमा र अर्थहिन कुराहरुमा मात्र उत्साह दिन्थे, जस्तोः विशेष पवित्र दिन, तथ्य, मित्रता, तिर्थयात्रा, सन्तहरुको आदर गर्ने काम, माल्यार्पण, शिक्षुवाद अनि यस्तै अरु कुराहरु । हाम्रा बिरोधीहरुलाई यस कुरामा चेतावनी नदिएसम्म तिनीहरुले यी कुरा नसिकेसम्म र यस्ता फाईदा नहुने कुराहरु सिकाउन नछोडेसम्म तिनीहरुले पहिले गरे जस्तै कुराहरु गर्थे । यसको साथै तिनीहरुले अहिले विश्वासलाई सम्बोधन गर्न थालेका छन् । जसको विषयमा पहिले आश्चर्यजनक मौनता थियो । हाम्रो बिपक्षीले अहिले यो सिकाउँछन् कि हामी विश्वास र कामबाट न्यायमा पर्ने छैनौं । यो सिद्धान्त चाहिँ पहिलेको भन्दा एकदमै सहन सक्ने छ अनि यसले पहिलेको सिद्धान्त भन्दा अझ बढि आनन्द दिन्छ ।

यसकारण विश्वासको सिद्धान्तको कारणले अझ यो मण्डलीको प्रमुख सिद्धान्त हुन सक्छ । अनि मुख्य सिद्धान्त लामो समयसम्म बिश्वासीले नबुझ्न पनि सक्छन् । अनि त्यसबेला तिनीहरु सबैले यो स्वीकार गर्नु पर्छ कि तिनीहरुको धार्मिकताको विश्वासको बचनको सन्दर्भमा त्यहाँ एउटा गहिरो मौनता थियो । जब केवल कामको सिद्धान्त मात्र मण्डलीमा अभ्यास गरिन्थ्यो । हाम्रो शिक्षकहरुले मण्डलीमा विश्वासको विषयमा यसरी सिकाउँथे ।

पहिलो, हाम्रो कामले परमेश्वरसँग मिलाप गराउन सक्दैनन् वा पाप क्षमा, अनुग्रह र न्यायको योग्य हुन सक्दैनन् । बरु हामीले केवल विश्वासबाट मात्र यो प्राप्त गर्न सक्छौं जब हामी विश्वास गर्छौं कि हामीले यी कुराहरु ख्रीष्टको खातिर प्राप्त गर्न सक्छौं । केवल उहाँ मात्र मध्यस्थकर्ता र प्रायश्चित हुनुहुन्छ । १ तिमोथि २:५ यसको साथै उहाँबाट मा पितासँग मिलाप हुन सक्छ । यदि यसकारण कसैले विश्वास गर्छ भने उसले आफ्नो कामबाट अनुग्रह प्राप्त गर्न योग्य हुन्छ अनि काममा मात्र विश्वास गर्छ भने उसले परमेश्वरको अनुग्रह र योग्यतालाई तिरस्कार गर्छ । किनभने त्यसको लागि मानव बल प्रयोग गरिरहेको छ । यद्यपी ख्रीष्टले आफ्नै बारेमा भन्नु भयो : "बाटो र सत्य र जीवन म नै हुँ ।" युहन्ना १४:६

विश्वासको विषयको सिद्धान्त चाहिँ सबै ठाउँमा पावलद्वारा सिकाईएको छ । एफिसी २:८ "किनभने अनुग्रहबाट विश्वासद्वारा तिमीहरुले उद्धार पाएका छौ र यो तिमीहरु आफैबाट होईन यो त परमेश्वरको बरदान हो ।" आदि ।

अनि यसकारण कसैले पनि चलाखीपुर्वक भन्न सक्दैनन् कि हामी पापलको नयाँ उल्थासँगै आएका छौं । यो सम्पुर्ण कुराहरु पिताको गवाहीबाट समर्थन गरिएको हो । अगस्टिनले धेरै भागहरुमा अनुग्रह र विश्वासको धार्मिकताको कामको योग्यता भन्दा बढि रक्षा गरेका छन् । अनि एम्ब्रोसले आफ्नो De Vocatione Gentium र अरु सबै

ठाउँमा एकै प्रकारले सिकाएका छन् । किनकी उनको De Vocatione Gentium मा उनले भनेका कुराहरु यी हुन्

ख्रीष्टको रगतबाट आउने छुटकाराको चाहिँ मुल्य कम भएको छ । न त मानिसको कामको अग्रतालाई परमेश्वरको दयाले दवाएको छ । यदि न्याय अनुग्रहद्वारा बनाईएको हो भने त्यो चाहिँ योग्यताको अघि जान्छ । यसैले यस्तो हुनको लागि दाताको सित्तैको उपहार होइन तर परिश्रमीहरुको इनामको आवश्यक पर्छ ।

यद्यपी अज्ञानी मानिसहरुले यस सिद्धान्तलाई घृणा गर्छन् । अनि परमेश्वरको डर र चिन्तालाई अनुभवबाट चिन्छन् कि यसले महान सान्त्वना ल्याउँछ । यसकारण यो विवेक कुनै पनि कामद्वारा शान्तिपुर्ण हुन सक्दैन तर केवल विश्वासद्वारा हुन सक्छ । जब तिनीहरुले निश्चयताको बारेमा थाहा गर्छन् त्यसले ख्रीष्टबाट परमेश्वरसँग मिलाप गर्न सहायता गर्छ । जस्तो पावलले सिकाएका छन् : "यसैकारण विश्वासद्वारा धर्मी ठहरिएर परमेश्वरसँग हाम्रो मिलाप भएको छ ।" रोमी ५:१ । यो सम्पुर्ण सिद्धान्त यहि डरलाग्दो विवेकको द्वन्द भित्र घुमेको छ अनि यस विवादबाट बाहिर भएर यसलाई बुझ्न सकिँदैन । यसकारण अनुभवविहिन र स्वतन्त्र बिचारका मानिसहरु यस विषयमा गलत छन् जब तिनीहरुले इसाई धार्मिकतालाई नागरिक र दर्शनशाश्त्रीय धार्मिकतासँग मिल्ने खालको हो भनेका छ ।

पहिले सिकाईएकाहरु कामको सिद्धान्त सँगै पिडित छन् अनि तिनीहरुले सुसमाचारको सान्त्वना पाएनन् । केहि मानिसहरुको आफ्नै विवेकले तिनीहरुलाई मरुभुमिमा अनि उजाडस्थानमा पुऱ्यायो । जहाँ तिनीहरुले आशा गरे कि भिक्षु भएर जीवन बिताउँदा तिनीहरुको अनुग्रहको योग्यतासम्म पुग्न सक्छन् । अरु मानिसहरु अन्य प्रकारका कामहरुद्वारा आए अनि तिनीहरुले पापको क्षमा पाउन सक्छन् र अनुग्रहको योग्य हुन सक्छन् भनेर सोँचे । यसकारणले हामीले बृहत् छलफल गर्नु पर्ने अनि ख्रीष्टमा गरिने विश्वासको योग्यतालाई नविकरण गर्नु पर्ने आवश्यकता छ । यसैले चिन्तित दिमागले सान्त्वना नदिई छोड्ने छैन तर बरु तिनीहरुको ख्रीष्टमाथिको विश्वासले अनुग्रह प्राप्त गर्छन्, पापक्षमा पाउँछन् र न्यायमा पर्नेछैनन् भनेर जान्ने छन् ।

हामी यो पनि चेतावनी दिन्छौं कि विश्वास भनेको कुनै घटनाको ज्ञान हासिल गर्नु होईन । जस्तो खराब मानिस र दुष्टहरुसँग त्यो विश्वास हुन्छ । बरु यसले इतिहासमा विश्वास गर्ने कुराको मात्र संकेत गर्दैन तर इतिहासको नतिजालाई पनि संकेत गर्छ । अर्थात् यो लेख : पापको क्षमा, जसलाई हामी परमेश्वरको अनुग्रह, धार्मिकता र पाप क्षमा ख्रीष्टबाट प्राप्त गरेको भन्छौं ।

जसले उहाँसँग पिता हुनुहुन्छ भनि जान्दछ त्यो ख्रीष्टबाट अनुग्रह पाउने व्यक्ति हुन्छ र साँचो रुपले परमेश्वरलाई चिनेको हुन्छ । उसलाई थाहा छ कि परमेश्वरले उसको वास्ता गर्नुहुन्छ र उसले

परमेश्वरलाई पुकार्छ । छोटकरीमा उ परमेश्वरबिहिन छैन तर अधर्मी मानिसहरु परमेश्वरबिहिन हुन्छन् । किनभने दुष्ट र अविश्वासीहरुले यो लेखलाई विश्वास गर्दैनन् : पापको क्षमा । यसकारणले तिनीहरुले शत्रुलाई जस्तै परमेश्वरलाई पनि घृणा गर्छन् । तिनीहरुले परमेश्वरलाई पुकार्दैनन् अनि उहाँबाट कुनै असल कुरा पाउने आशा राख्दैनन् । अगष्टिनले पनि उहाँका पुस्तकहरु पढ्नेहरुलाई विश्वासको बारेमा चेतावनी दिन्छन् र यो सिकाउँछन् कि धर्मशास्त्रमा भएको विश्वास भन्ने शब्द ज्ञानको एक प्रकारमा हुदैनन् र अबिश्वासीहरु पनि अधिनमा हुन्छन् तर निश्चिन्तताको लागि त्यसले डराउने मनलाई ढाडस दिने र उत्साह दिने गर्छन् ।

यसबाहेक हामी यो सिकाउँछौं कि हामीले असल काम गर्नु आवश्यक छ । अनुग्रहको योग्यतासम्म पुग्नको लागि होइन तर यो परमेश्वरको इच्छा भएकोले हो । यो केवल विश्वासबाट हो कि जो कोहिले पनि पापको क्षमा पाउन सक्छन् अनि त्यो चाहिँ सित्तैमा हो । अनि पवित्र आत्मा विश्वासबाट प्राप्त गरेको कारणले हृदय नविकरण हुन्छ र नयाँ चाहना प्रदान गर्छ । जसले गर्दा तिनीहरुले असल काम गर्न सक्छन् । एम्ब्रोसले भन्दछन् : विश्वासचाहिँ असल इच्छा र ठिक कामको आमा हो ।

किनभने पवित्र आत्मा बिना मानिसको शक्तिहरु पुर्ण रुपमा अबिश्वसनीय इच्छा हुन् अनि उ परमेश्वरको नजरमा असल काम गर्न एकदमै कमजोर हुन्छ । उ दुष्टको शक्तिमा चलेको हुन्छ ।

जसले मानिसलाई विभिन्न पाप गर्न अविश्वसनी बिचार राख्न र खुला रुपमा अपराध गर्न प्रेरित गर्छ । हामी दर्शनशाश्त्रीहरुमा पनि यो देख्न सक्छौं जो इमान्दार जीवन जीउन प्रयास गर्छन् तर सफल हुन सक्दैनन् अनि धैरै खुला अपराध गरेर आफैलाई दुषित पार्छन् । यस्तो कुरा चाहिँ मानिसको दुर्वलता हो । जब उ विश्वासबिना र पवित्र आत्मा बिना हुन्छ अनि आफुलाई केवल मानवीय शक्तिमा चलाउँछ ।

यसबाट जो कोहिले पनि यो देख्न सक्छ कि हाम्रो शिक्षाले असल कामलाई निषेध गरेको कुरामा दोष लगाउन सक्दैन तर यसले वास्तवमा आज्ञा गर्न सक्छ किनभने यसले हामी कसरी असल काम गर्न योग्य बन्छौं भन्ने देखाउँछ । किनभने विश्वास बिना त्यहाँ कुनै बाटो छैन कि मानवीय स्वभावले पहिलो र दोश्रो आज्ञामा भएका कामहरु गर्न सक्छन् । विश्वासबिना मानवीय स्वभावले परमेश्वरलाई पुकार्दैनन् वा परमेश्वरबाट केहि आशा गर्दैनन् वा उहाँले क्रुसमा सहनुभएको कुराबाट उनीहरुले मानवीय सहायता खोज्छन् र त्यसमा भरोसा गर्छन् । जब त्यहाँ विश्वास र परमेश्वरमा भरोसा हुँदैन जसले गर्दा सबै प्रकारका कामबासना र मानवीय धारणाले मानिसको हृदयलाई दवाउँछ । यसको लागि ख्रीष्टले भन्नुभयो : “म बाट अलग रहेर तिमीहरु केहि गर्न सक्दैनौ ।” युहन्ना १५:५ । अनि मण्डलीले गाउँछन् ।

तपाईको इश्वरीय समर्थनको अभाव छ
केहि कुरा मानिसमा पाउन सकिँदैन
उसमा केहि नहुनु भनेको हानीरहित हुनु हो ।

लेख २१ सन्तहरुको आराधनामा

सन्तहरुको आराधनामा हामी यो सिकाउँछौं कि सन्तहरुको विश्वास र असल कामलाई पछ्याउनु भन्दा हाम्रो बोलावट अनुसार हामीले तिनीहरुलाई सम्झन सक्छौं । उदाहरणको लागि एउटा शासक, हामीले दाउदले टुर्कलाई आफ्नो देशबाट हटाउनको लागि अनुमति बिना गरेको युद्धलाई पछ्याउन सक्छौं । किनभने ती दुबै राजा हुन् । जबक धर्मशाश्त्रले सन्तहरलाई पुकार्नको लागि र सन्तहरुसँग सहायता माग्नको लागि सिकाउँदैन । बरु यसको सट्टामा ख्रीष्टसँग सहायता माग्न सकिन्छ जो चाहिँ सहायक, प्रतिफल, मुख्य पुजाहारी र मध्यस्थकर्ता हुनुहुन्छ । हामीले उहाँमा प्रार्थना गर्नुपर्छ । उहाँले यो प्रतिज्ञा गर्नुभएको छ कि उहाँले हाम्रो प्रार्थना सुन्नु हुन्छ र उहाँले सबै कुरा भन्दा बढि हाम्रो आराधनालाई अनुमोदन गर्नु हुन्छ । अर्थात् जसले उहाँलाई सबै कष्टको समयमा पुकार्छ । १ युहन्ना २:१ "कुनै मानिसले पाप गऱ्यो भने पनि हाम्रो पक्षमा पितासँग बोलिदिने एक जना हुनुहुन्छ ।" आदी ।

यी सम्पुर्ण कुराहरु हाम्रो शिक्षाको बारेमा हो जसमा सबै मानिसले देखेको जस्तो केहि हुँदैन जुन धर्मशाश्त्र भन्दा वा क्याथोलिक चर्च वा रोममा भएको चर्च भन्दा यसको आफ्नै लेखकहरुका अनुसार फरक हुन्छन् । यो एउटा मामला हुन्छ । तिनीहरु जसले शिक्षकहरुलाई अधर्मी भनेर भन्दछन् तिनीहरुले गलत न्याय गर्छन् । जबकी त्यहाँ

निश्चित दुरुपयोगमा असहमति बाँकी रहन्छ । जुनचाहिँ अनुमति बिना मण्डलीमा छिरेको छ । अनि अझ यो उदाहरणमा, यदि त्यहाँ केहि फरक छ भने बिशपहरुले हामी सँग रहनको लागि अहिले समिक्षा गरिएको स्वीकारोक्तिको खातिर पर्याप्त मात्रामा उद्धारता देखाउनु पर्छ । यी सम्पुर्ण कुराहरु पछि बिधिहरु पनि एउटै संस्कार सबै तिर माग गर्नु भन्दा गम्भीर कुरा अरु छैन । अनि सम्पुर्ण मण्डलीको संस्कार एउटै हुन सक्दैन । त्यसले भन्छ होसीयारी पुर्वक पुर्वजहरुको संस्कारलाई मुख्य भागको रुपमा अवलोकन गरौं । यसकारण हामीलाई लगाईएको आरोप हाम्रो मण्डलीले सम्पुर्ण समारोहहरुलाई प्राचीन समयमा प्रयोग गरिएका सम्पुर्ण गलत र दुर्भावनापुर्ण कुराहरुलाई समाप्त गर्छ । तर यो हाम्रो साझा गुनासो भएको छ कि हाम्रो संस्कारमा केहि दुरुपयोग भएको छ । हामीसँग केहि निश्चित कुरालाई सच्याउने केहि गलत कुराहरु छन् । हेरौं हामीले त्यसलाई केहि असल बिचारको अनुमोदन गर्न सक्दैनौं ।

लेख जसले हामीले सच्याएको दुरुपयोगको समिक्षा गर्छ ।

हाम्रो मण्डली विश्वासको लेखमा क्याथोलिक चर्च सँग असहमत हुँदैन तर हामी उनीहरुका केहि गलत प्रयोगलाई छोड्छौं जुन चाहिँ भ्रष्टाचारको समयमा गलत मनसायले स्वीकार गरिएको थियो । जुन चाहिँ नियम कानुनको आशयको विरुद्धमा थियो । यो एउटा कारण

हो यसकारण हामी प्रार्थना गर्छौं तपाईको सर्वोच्च महिमामा पहिले भएको र हामीले परिवर्तन गरेका कुराहरुलाई हेर्नुहोस् । अनि के कारणले तिनीहरुको विवेकको विरुद्धमा रहेर अवलोकन गरिने काम गर्छ तर बाध्य पार्दैन । तपाईको सर्वोच्च महिमाले तिनीहरुलाई विश्वास गर्नु पर्दैन जो हाम्रो पक्षको विरुद्धमा हेला गर्ने कुरालाई बाहिर निकाल्छन् । तिनीहरुले मानिसहरुको बीचमा अनौठो प्रकारको निन्दा छर्छन् । यसरी तिनीहरुले असल मानिसको मनलाई बाधा पुऱ्याउँछन् अनि त्यसले ठुलो विवाद ल्याउँछ । अनि अहिले तिनीहरुले कलह बढाउनको लागि त्यहि तरिकाद्वारा प्रयास गरिरहेका छन् । किनकी सर्वोच्च महिमाले निसन्देह हाम्रो शिक्षाको स्वरुप र अभ्यास यी अविश्वासनिय र दुर्भावनापुर्ण मानिसले दावी गरेको जस्तो असहनिय छैनन् भन्ने कुरा जान्नु हुनेछ । यसको अलावा तपाईले साझा अफवाहहरुबाट वा शत्रुहरुको गालीबाट सत्यता थाहा पाउन सक्नु हुन्न । तर जो कोहिले पनि सजिलैसँग न्याय गर्न सक्छ जसले गर्दा समारोहहरुको मर्यादालाई सच्याउने सहि उपाय पाउन सक्छन् । अनि श्रद्धा र धार्मिक भक्तिमा मानिसहरुलाई उत्साह दिन सक्छन् । जसले गर्दा मण्डलीहरुमा विभिन्न समारोहहरु असल प्रकारले हुन्छन् ।

लेख २२ दुबै प्रकारका विधिविधानमा

प्रभुभोजको बिधिका दुबै तत्वहरु सत्यतालाई दिईएको छ । किनकी यो अभ्यास चाहिँ प्रभुबाट नै दिएको हो । मत्ती २६:२७ “तिमीहरु सबैले यसबाट पिओ ।” त्यहाँ ख्रीष्टले कचौराको विषयमा स्पष्टसँग आज्ञा गर्नुभएको छ कि सबैले पिउनुपर्छ । अनि यदि कसैले

चलाखीपुर्वक यो केवल पुजाहारीको लागि मात्र हो भन्छ भने जस्तो पावलले १ कोरिन्थी ११:२७ मा उदाहरण दिएका छन् । त्यसबाट यो देखाउँछ कि सम्पुर्ण सम्प्रदाय यी दुबै प्रकारमा भाग लिन्छन् । अनि त्यो चाहिँ लामो समयको लागि मण्डलीको अभ्यास थियो न त यसलाई कसैले थाहा गर्छ वा अधिकारवालाले यसलाई परिवर्तन नै गरेका छन् । यद्धपी कुसाका कार्डिनल निकोलसले यो कहिले स्वीकार गरियो भन्ने कुरा बताएका छन् । कुनै ठाउँमा साईप्रियनले गवाही दिएका छन् कि रगत मानिसहरुको लागि दिईएको थियो । जेरोमले पनि यहि गवाही दिन्छन् । जसले भन्छन्, "पुजाहारीले युकेरिष्टको व्यवस्थपन गर्छन् र ख्रीष्टको रगत मानिसहरुको सामु बाड्छन् ।" वास्तवमा पोप गेलासीयसले आज्ञा गर्छन् कि विधिविधानलाई भाग भाग गर्नु हुँदैन । (Dist. II, De Consecratione, cap. Comperimus) अन्यथा केवल एकदमै नयाँ कपडा पहिरिनु पर्छ । स्पष्ट रुपमा, जबकी हामीले कुनै पनि पहिरनलाई अनुमति दिनु हुँदैन जुन चाहिँ परमेश्वरको आज्ञाको विरुद्धमा आउँछ जस्तो विधिवत रुपले गवाही दिन्छन् । (Dist. III, cap. Veritate, अनि अरु पाठहरु) तर यो परिहन हामीमा आएको छ यो धर्मशाश्त्रको विरुद्धमा होईन तर पुरानो बिधि र मण्डलीको उदाहरणको विरुद्धमा हो । यसकारण यदि कसैले दुबै प्रकारका विधिविधान प्रयोग गर्न चाहान्छ भने तिनीहरुलाई यसको लागि तिनीहरुको विवेकलाई दोषी देखाउन बाध्य पार्नु हुँदैन । किनभने विधिविधानको भाग लगाउने कुरा चाहिँ ख्रीष्टको विधिसँग सहमत हुँदैन । हामी अहिले पहिले गरेका कामहरुलाई छोड्न बाध्य भएका छौं ।

लेख २३ पुजाहारीहरुको विवाहमा

त्यहाँ पुजाहारीको विषयमा बारम्बार गुनासो आएको छ । जो चाहिँ पवित्र छैनन् । यसकारणले तिनीहरु भन्छन् । पोप पियोस् ले यो स्वीकार गर्छन् कि यद्यपी त्यहाँ एउटा कारण छ कि जसले गर्दा पुजाहारीहरु विवाहलेखि भाग्छन् र त्यहाँ एउटा वजनदार कुरा छ जसले गर्दा यसलाई फर्काउनु परेको छ । (क्य द्यबतचययिmभय एबितष्लब लेख्नुहुन्छ ।) यसकारण अझ हाम्रो पुजाहारीहरुलाई खुला रुपमा गरिने घोटालालाई इन्कार गर्न चाहान्छन् । तिनीहरुले श्रीमती विवाह गर्छन् अनि यो सिकाउँछन् कि विवाह करार गर्नु चाहिँ कानुन सम्मत हो । पहिलो किनकी पावलले भन्छन् । १ कोरिन्थी ७:२,९ “व्यभिचारबाट बच्नको लागि हरेक मानिसले विवाह गरोस् । अनि कामबासनामा जल्नुभन्दा विवाह गर्नु असल हो ।” दोश्रो चाहिँ खीष्ट भन्नुहुन्छ । मत्ती १९:११ “सबै मानिसले यो बचन ग्रहण गर्न सक्दैनन् ।” जहाँ उहाँले सिकाउनुहुन्छ कि कुनै पनि मानिसहरुले एक्लो जीवन बिताउनु असल छैन । अनि परमेश्वरले मानिसलाई प्रजनन क्रियाको लागि बनाउनु भयो । उत्पत्ती १:२८ अनुसार । सृष्टिलाई परिवर्तन गर्नको लागि परमेश्वरको बरदान र उहाँको कामबिना मानिसहरुसँग कुनै शक्ति हुँदैन । किनकी यो स्पष्ट छ अनि धेरैले यसलाई स्वीकार गरेका छन् कि कोहि पनि असल, इमान्दार, पवित्र जीवन बिताउने छैनन् र कोहि पनि इसाईहरु इमान्दार छैनन् अनि त्यस्तो काम गराईबाट डरलाग्दो नतिजा ल्याउँछ । तर धेरै मानिसहरुले डरलाग्दो, भयानक र अशान्तिको महशुस गरेका छन् र तिनीहरुको जीवनको अन्तिम समयसम्मै विवेकको यातना पाएका छन् । यसकारण तिनीहरु जसले एक्लो जीवन बिताउन योग्य ठान्दैनन् तिनीहरुले विवाह करार गर्नु पर्छ ।

किनकी यो कसैको नियम र प्रतिज्ञाले परमेश्वरको आज्ञा र विधिलाई बाँध्न सक्दैन । यस कारणले पुजाहारीले सिकाउँछन् कि तिनीहरुले विवाह गर्नु असल हो ।

यो प्राचीन मण्डलीहरुमा पनि स्पष्ट छ कि पुजाहारीहरुले विवाह गर्थे । किनकी पावलले भन्दछन्, १ तिमोथी ३:२ मा, बिशपचाहिँ एउटै पत्नीको पति भएको व्यक्ति चुनिनु पर्छ । अनि जर्मनीमा ४०० बर्ष अगाडी पहिलो चोटी पुजाहारीहरुलाई हिँसात्मक प्रकारले एक्लो जीवन बिताउनलाई बाध्य पारिन्थ्यो । वास्तवमा तिनीहरुले यसलाई एकदमै कडा रुपमा लिन्थे कि उ चाहिँ बिशपहरुको मुख्य हो । जब उसले यस सन्दर्भमा पोपको आदेशलाई प्रकाशित गऱ्यो त्यसबेला रिसाएका पुजाहारीहरुद्वारा कोलाहल फैलियो र झण्डै मृत्युमा पऱ्यो । अनि यस विषयमा कठोर रुपमा व्यवहार गरियो कि एकजनाले मात्र भबिष्यमा विवाहलाई निषेध गर्ने होईन तर पहिलेको विवाह पनि टुट्ने भयो जुन चाहिँ हरेक व्यवस्था परमेश्वर र मानिसको बीचमा विवादास्पद बन्यो । अनि व्यवस्था आफैमा पनि विवादास्पद बन्यो जुन चाहिँ पोपहरुद्वारा बनाईएको थिएन तर सबै भेलाद्वारा बनाईएको थियो । यसबाहेक, माथिल्लो स्तरमा भएका परमेश्वरको डर मान्ने र बुद्धिमान मानिसहरु बारम्बार भ्रमपुर्ण कुराहरु व्यक्त गरिएको भनि बुझ्थे कि यस्ता जबरजस्ती बह्मचारी बनाईएका र मानिसहरुलाई अपमानित प्रकारले गरिएको विवाह (जसलाई परमेश्वर आफैले शुरु गर्नु भयो र मानिसलाई स्वतन्त्र छोड्नुभयो ।) ले कुनै पनि असल नतिजा निकाल्न सक्दैन तर यसले धैरै ठूलो खराबीहरु र अतिक्रमण लिएर आउँछ ।

अनि हामी यो पनि देख्छौं कि मानिसको स्वभाव बिस्तारै कमजोर हुँदै जान्छ । जस्तो संसारको युगमा थियो । यो चाहिँ जर्मनीमा अरु केहि खराब गुण भएका कुराहरु जस्तो हो ।

अझ भन्नु पर्दा परमेश्वरले मानिसको दुर्वलताको विरुद्धमा सहायक बन्नलाई विवादको शुरुवात गर्नुभयो । व्यवस्था आफैले पनि बताउँछ कि पुरानो कठोरतालाई हटाउनु पर्छ । अनि मानिसको कमजोरीहरुले गर्दा पछिल्लो समय आनन्ददायक हुन्छ । हामी यो चाहान्छौं कि यो यस कुरामा पनि लागु होस् । हामी यो पनि विचार गर्न सक्छौ कि यदि लामो समयसम्म विवाहलाई निषेध गर्ने हो भने मण्डलीमा पाष्टरको अभाव हुन सक्छ ।

अब परमेश्वरको आज्ञा जबरजस्ती हुन्छ र मण्डलीको चलनहरु सबैले बुझ्ने खालका छन् । अनि अशुद्ध ब्रह्मचार्यले धैरै घटना निम्त्याउने, व्यभिचार ल्याउने र अन्य दण्डनीय अपराधहरु निम्त्याउने गर्छ । अनि अझ पुजाहारीको विवाहको विरुद्धमा अन्य सबै कुराहरु भन्दा क्रुरताको अभ्यास हुन थाल्छ । परमेश्वरले विवाहलाई आदर गर्न आज्ञा गर्नुभएको छ । सबै असल प्रकारले चलाईएका राष्ट्रसेवक हरुद्वारा अनि अझ अन्यत्र पनि विवाह एकदमै आदरणीय हुनुपर्छ । तर अहिले मानिस र पुजाहारीहरु जसले निर्दयी रुपमा हत्या गर्छन्, विधिविधानको विरुद्धमा जान्छन् । यो चाहिँ विवाहको कारण बाहेक अरु कारणले होईन । पावलले, १ तिमोथी ४:३ मा विवाहलाई निषेध गर्नु भनेको दुष्टको शिक्षा हो भनेका छन् ।

यसलाई अब अझ सजिलै बुझ्न सक्छौं कि जब तिनीहरुले केहि क्षतिपुर्ति दिएर विवाहको विरुद्धमा कानुन बनाउँछन् ।

जबकी मानिसको कुनै पनि कानुनले परमेश्वरको आज्ञालाई रद्ध गर्न सक्दैन । न त कुनै प्रतिज्ञाले नै सक्छ । यसै गरि साइप्रियनले पनि सल्लाह दिन्छन् कि स्त्री जसले पवित्रता कायम राख्दैनन् तिनीहरुले विवाह गर्ने प्रतिज्ञा गरुन् । उनको शब्द यस्तो छ । (लेटर ४:२) तर यदि तिनीहरु दृढ रहन इच्छा गर्दैनन् वा सक्षम छैनन् भने तिनीहरु आफ्नो कामवासनाको आगोमा जल्नुभन्दा विवाह गर्नु असल हो । तिनीहरुले आफ्ना दाजुभाई, दिदिबहिनीहरुलाई निश्चय पनि पाप गर्न लगाउनु हुँदैन ।

अझ व्यवस्थाले पनि तिनीहरुमा केहि उदाहरण देखाउँछ जसले ठिक समयमा बिहे गर्न कसम खाएका छन् । जस्तो यो भन्दा अघि यस्तो मामला थियो ।

लेख २४ समारोहमा

हाम्रो मण्डलीहरु समारोहलाई समाप्त पार्न आरोप लगाउँछन् । वास्तवमा हामीले समारोहलाई लिने गर्छौं अनि ठूलो श्रद्धाका साथ उत्सब मनाउँछौं । जर्मन भजनहरु ल्याटिन भजनमा मिसिएको भन्दा बाहेक हामी अझ सामान्य समारोहको नजिक रहन्छौं । अनि हामी यसलाई मानिसलाई सिकाउनको लागि थप्छौं । समारोह चाहिँ कुनै कारणले अज्ञानीहरुलाई सिकाउन आवश्यक हुन्छ । अनि पावलले

आज्ञा दिएको जस्तो मण्डलीमा मानिसले बुझ्ने गरि सिकाउनुपर्छ भन्ने होईन । १ कोरिन्थी १४:२–९ तर यी कुराहरु मानवीय विधिद्वारा यस प्रकारले स्थापना हुनुपर्छ । यदि कोहि त्यसको लागि योग्य छन् र यसले उनीहरुको श्रद्धा र सार्वजानिक आराधनाको समर्पणतालाई बृद्धि गराउँछ भने मानिसहरु विधिविधानमा संगसंगै भाग लिन प्रयास गर्छन् । किनभने परिक्षण नगरिकन कसैले पनि स्वीकार गर्दैनन् । मानिसले मर्यादाको विषयमा र विधिविधानको विषयमा पनि सुझाव दिन्छन् जसमा यसैले चिन्तित विवेकबाट जे सान्त्वना ल्याउँछ । यसकारण तिनीहरुले परमेश्वरमा विश्वास गर्न सिक्छन् । त्यसैगरि तिनीहरु विधिविधानका अन्य गलत शिक्षाबाट अभिप्रेरित हुन्छन् । आराधना चाहिँ परमेश्वरलाई खुसी पार्ने कुरा हो । विधिविधानको सहि प्रयोगले परमेश्वरमा साँचो समर्पणता देखाउन सहायता गर्छ । यसकारण समारोहले भक्तिपुर्वक मनाएका कुराहरु हाम्रो विरुद्धमा भन्दा बिरोधीहरुको विरुद्धमा देखिँदैन ।

जबकी स्पष्ट रुपमा र लामो समयको लागि सबै असल मानिसहरुले कडा रुपले र सार्वजानिक रुपले गुनासो गर्छन् कि समारोहहरु चाहिँ आधारभुत रुपमा अपमानित हुन्छन् र पैसा कमाउनको लागि दुर्व्यबहारमा पर्छन् । यस दुर्व्यबहार सबै मण्डलीमा धेरै टाढासम्म फैलिन सक्छन् अनि समारोह चाहिँ केवल शुल्क उठाउन र छात्रबृत्तिको लागि मात्र हो । अनि जतिले यसलाई पछ्याउँछन् त्यो चाहिँ व्यवस्थाको विरुद्धमा हो । अनि यो राम्रोसँग चिन्न सकिन्छ । तर पावलले तिनलाई गम्भीर रुपमा धम्की दिन्छन् जसले अयोग्य प्रकारले युकेरिष्टसँग कुरा गर्छन् । उनले १ कोरिन्थी ११:२७ मा भन्दछन् । यसकारण जसले अयोग्य रितिले प्रभुको रोटी खान्छ

कि प्रभुको कचौराबाट पिउँछ, त्यो मानिस प्रभुको शरीर र रगतलाई अपवित्र तुल्याएकोमा दोषी ठहरिनेछ । यसकारण जब हामी यस पापको बारेमा पुजाहारीहरुलाई चेतावनी दिन्छौँ । निजी समारोहले हामीमा स्थान लिन सक्दैनन् किनकी निजि समारोहले मनाउने उत्सव चाहिँ रुपिया पैसाको लागि होईन ।

बिशपहरुलाई यस दुरुपयोगको विषयमा पनि थाहा थियो अनि यदि तिनीहरुले त्यसलाई समयमा सुधार गर्थे भने त्यहाँ केहि कममात्र असहमति हुने थियो । पहिले जब तिनीहरुले गुप्त रुपमा के भएको छ भन्ने कुरा जाने भने तिनीहरुले मण्डलीमा धेरै भ्रष्टाचारहरु छिर्न दिने थिए । अनि जब धेरै ढिलो भएको हुन्छ तिनीहरुले मण्डलीको समस्याहरुको विषयमा आरोप लगाउन शुरु गर्छन् । जब यो अशान्ति ति दुरुपयोगहरुद्वारा साधारण प्रकारले अवसर दिईन्छ जुन चाहिँ प्रकट हुन्छ कि तिनीहरु धेरै बहन गर्न नसकुन् । त्यहाँ समारोहको विषयमा र विधिविधानको विषयमा धेरै ठूलो मतभेद भएको छ । सायद यस्तो खालको लामो समयसम्म भएको जमाथको अपवित्रताले संसारले सजाय पाएको छ । जस्तो धेरै मानिसहरु जो सक्षम छन् र आफैलाई सच्याउनको लागि जिम्मेवारीमा बाधिँएका छन् । त्यस्ता मानिसहरुद्वारा शताब्दीऔँ देखि मण्डलीले धेरै कुरा सहेको छ । किनकी दश आज्ञामा यो लेखिएको छ । प्रस्थान २०:७ उहाँको नाउँ व्यर्थैमा लिनेलाई परमप्रभुले निरपराध ठहराउनुहुने छैन । तर यसले यो देखाउँछ कि संसारको उत्पत्ती भए देखि नै दुषित रुपिया पैसा,

परमेश्वरले आदेश नदिनुभएको कुनै पनि कुरा समारोहहरुमा भन्दा अरु ठाउँमा कहिल्यै पनि दुरुपयोग भएन ।

यसको साथै, धारणा चाहिँ लोकप्रिय भयो जुन चाहिँ असिमित रुपमा निजी जमाथमा बृद्धि भयो अर्थात् ख्रीष्ट उहाँको धैर्यताद्वारा मानिसको पापको क्षमा भयो अनि त्यो कुरा समारोहमा नै दैनिक पापको प्रायश्चितको लागि लागु भयो जुन मरणशील थियो । यसबाट साझा धारणा उठेको छ कि समारोह चाहिँ बाहिरी कामहरुद्वारा जिवीत मृतकहरुको पाप लैजान सक्छ । त्यसपछि मानिसहरु शंका गर्न थाल्छन् जबकी एउटा समारोहले धैरै योग्य मानिसलाई विशेष समारोहमा योग्य बनाउँछन् अनि यसले निरन्तर रुपमा असिमित समारोहहरु सिर्जना गर्छ । उहाँको कामद्वारा मानिस परमेश्वरबाट आफुलाई चाहिने हरेक कुरा प्राप्त गर्न चाहान्छ अनि त्यसबेला उसले ख्रीष्टमाथिको विश्वास र साँचो आराधनालाई बिर्सिन्छ ।

हाम्रो शिक्षकहरुले यस धारणाको विषयमा चेतावनी दिएका छन् कि तिनीहरु पवित्र धर्मशाश्त्रबाट अलगिएका छन् र ख्रीष्टको महिमापुर्ण धैर्यतालाई घटाएका छन् । किनकी ख्रीष्टको धैर्यता चाहिँ बलिदान र पाप क्षमाको लागि थियो, केवल मौलिक अपराधको लागि थिएन तर सम्पुर्ण पापको लागि थियो जसो बाइबलले भन्दछ । हिब्रु १०:१० त्यहि इच्छाबाट येशू ख्रीष्टका शरीरको बलिद्वारा सदाको निम्ति हामी पवित्र बनाईएका छौं । अनि हिब्रु १०:१४ तिनीहरुलाई उहाँले सदाको निम्ति सिद्ध बनाउनुभएको छ । यो चाहिँ मण्डलीमा

सिकाउनको लागि नसुनिएको नयाँ कुरा हो जुन ख्रीष्टले आफ्नो मृत्युद्‌वारा हाम्रो मौलिक पापको क्षमा गर्नुभएको छ अनि अरुको पापको लागि होईन । यसै प्रकारले हामी आशा गर्छौं कि हरेकले हामीमा यस त्रुटिको पुनराबृत्ति गर्ने असल कारण छ ।

धर्मशाश्त्रले यो पनि सिकाउँछ कि हामी ख्रीष्टमा गरिएको विश्वासद्‌वारा परमेश्वरको अगाडी धर्मी ठहरिन्छौं । जब हामी विश्वास गर्छौं कि हाम्रो पाप ख्रीष्टबाट क्षमा भएको छ । अब यदि समारोहले बाहिरी कामद्‌वारा जिवीत र मृतकको पाप लैजान्छन् भने न्याय चाहिँ जमाथको कामद्‌वारा नै आउँछ अनि विश्वासद्‌वारा होईन जसलाई धर्मशाश्त्रले अनुमति दिँदैन ।

तर ख्रीष्टले लुका २२:१९ मा आज्ञा गर्नु हुन्छ । मेरो सम्झनामा यो गर्ने गर । यसकारण समारोहको शुरुवात भयो कि जसले विधिविधान पालना गर्छन् तिनीहरुको विश्वासमा तिनीहरुले जे कुरा ख्रीष्टबाट प्राप्त गर्छन् । त्यो फाइदाजनक छ भनि सम्झन्छन् अनि चिन्तित मुद्रामा पनि आराम गर्दै बस्छन् । किनकी ख्रीष्टलाई सम्झनु भनेको उहाँको फाइदालाई सम्झनु हो र उहाँले हामीलाई साँचो रुपमा दिनुभएको कुरालाई महशुस गर्नु हो । अनि केवल इतिहासलाई सम्झनु मात्र पर्याप्त छैन किनकी यहुदी र अविश्वासीहरुले पनि त्यसलाई सम्झन सक्छन् । त्यसैले समारोहको प्रयोग अन्तिम सम्मै गर्नु पर्ने हुन्छ कि त्यहाँ प्रभुभोजको विधि जसलाई सान्त्वना चाहिन्छ तिनीहरुमा सञ्चालन गर्न सकिन्छ । जस्तो एम्ब्रोसले

भन्दछन् किनकी म सधैँ पाप गर्छु, म सधैँ औषधी लिनलाई बाधिएको हुन्छु । यसकारण विधिविधानलाई विश्वास चाहिन्छ विश्वासबिना यो व्यर्थ हुन्छ ।

अब समारोहलाई विधिविधानको रुपमा दिउन्जेल सम्म हामी हरेक पवित्र दिनमा एउटा प्रभुभोजको सेवा गर्छौं अनि यदि मानिसले त्यस दिन विधिविधानको इच्छा गर्छन् भने अरु दिनमा पनि त्यसै गर्नु पर्छ । जब यसलाई सोध्नेहरुलाई यो दिईन्छ । अनि यो चाहिँ मण्डलीमा भएको नयाँ चलन होईन । किनकी ग्रेगरी भन्दा पहिलाको फादरहरुले कुनै पनि निजी समारोहको उल्लेख गरेनन् तर तिनीहरुले साझा समारोहको विषयमा धेरै कुराहरु अनि प्रभुभोज पनि गरे । क्रिसोस्टमले भन्दछन्, पुजाहारी दैनिक रुपमा बेदिमा बस्छन्, केहिलाई प्रभुभोजमा निमन्त्रणा दिन्छन् र अरुलाई पछाडी पुर्‍याउँछन् । अनि यसले यो देखाउँछ कि पौराणिक व्यवस्थाबाट एक जना व्यक्तिले समारोह मनाउँछन् । जसबाट सबै प्रधान पुजाहारी र डिकनहरुले प्रभुको शरीरलाई प्राप्त गर्छन् । किनकी निसेनको व्वस्थाको बचनले यसरी भन्दछ, डिकनहरुले तिनीहरुको क्रमअनुसार बिशप वा प्रधानपुजाहारीबाट प्रधान पुजाहारीको पछि पवित्र प्रभुभोज लिउन् । अनि पावलले १ कोरिन्थी ११:३३ मा प्रभुभोजको विषयमा आज्ञा दिन्छन् कि हामीले एक अर्कालाई पर्खनुपर्छ, जसले गर्दा त्यो साझा सहभागिता हुन्छ ।

यसकारण, हामीले अभ्यास गरेको समारोहलाई हेर्दा त्यसमा धर्मशाश्त्रबाट लिईएको र पिताबाट दिईएको मण्डलीको उदाहरण हो । हामी निश्चित छौँ कि कसैले पनि यसलाई अस्वीकार गर्न सक्दैनन् । विशेषगरि हामीले सार्वजानिक समारोहलाई पहिले राखेको स्थान भन्दा महत्वपुर्ण भागको स्थानमा राख्नु पर्छ । केवल समारोहको संख्या फरक हुन्छ जुन चाहिँ प्रकट गरिन्छ । जसले गर्दा यसको शंकालाई फाइदाजनक प्रकारले घटाईन्छ । किनकी पुरानो समयमा अझ मण्डलीमा पनि दैनिक रुपमा समारोह हुँदैनथियो । जस्तो हामी Tripartite History (Book 9, Chap. 38) मा पढ्छौँ । "अनि फेरि अलेक्जेन्ड्रियामा हरेक बुधबार र शुक्रबार धर्मशाश्त्र पढ्ने गरिन्छ । अनि डक्टरहरुले त्यसलाई व्याख्या गर्थे । अनि गम्भिर संस्कारका कुराहरु बाहेक सबै कुरा हुन्थ्यो ।"

लेख २५ स्वीकारोक्तिमा

मण्डलीभित्रको स्वीकारोक्ति हामीहरुको बीचमा खारेज भएको छैन । वास्तवमा यो हाम्रो पहिल्यै जाँचिएका र निर्दोष ठहर्‍याईएकाहरुलाई मात्र प्रभुको शरीर दिनलाई सामान्य अभ्यास हो । अनि हामी मानिसहरुलाई मुक्तिमा विश्वास गर्नलाई होसियारी साथ सिकाउँछौँ । जस बारेमा पहिले गहिरो मौनता थियो । हामी हाम्रा मानिसहरुलाई यो सिकाउँछौँ कि तिनीहरुले मुक्तिको ठूलो उपहार पाउनुपर्छ । जस्तो परमेश्वर आफैले भन्नुभएको छ र परमेश्वरको आज्ञाद्वारा बताईएको छ । बाधिएको कुराको शक्ति चाहिँ यसको सुन्दरतामा सजाईएको छ । अनि मानिसहरुलाई के त्यस्तो महान सान्त्वना छ भन्न् बारेमा

बताईन्छ । यसले चिन्तित विवेकको सिर्जना गर्छ । हामी तिनीहरुलाई सम्झाउँछौँ कि परमेश्वरले विश्वास चाहानुहुन्छ जसद्वारा हामीले स्वर्गबाट आएको मुक्तिको आवाज सुन्न सक्छौँ । अनि त्यो ख्रीष्टमाथिको विश्वास साँचो रुपले प्राप्त हुन्छ र हामीले पापको क्षमा पाउन सक्छौँ । शुरुका मानिसहरुले सन्तुष्ट रहनको लागि धेरै परिश्रम गरे । अनि कसैले पनि विश्वास र ख्रीष्टको योग्यता अनि विश्वासबाट आउने धार्मिकताको बारेमा उल्लेख गरेनन् । यहि कारणले यस कुरामा हाम्रो मण्डलीलाई दोष दिने केहि कारण छैन । वास्तवमा हाम्रा विरोधीहरुले पनि हाम्रो शिक्षकहरुले सिकाएको र व्याख्या गरेका कुराहरुलाई स्वीकार गरेर लगनशीलतापुर्वक पश्चाताप गर्नु पर्छ ।

तर स्वीकारोक्तिमा हामी यो सिकाउँछौँ कि पापको गणना गर्नु आवश्यक छैन । अनि त्यो विवेकले तिनीहरुले कति पाप गरे भन्ने कुराको जानकारी दिएर उनीहरुलाई चिन्ताको बोझ थपिदिनु आवश्यक छैन । किनभने सम्पुर्ण पापहरुको पुर्नगणना गर्नु असम्भव हुन्छ । जस्तो भजन १९:१२ ले गवाही दिन्छ, “आफ्ना भुलहरु कसले थाहा पाउन सक्छ ?” अनि यर्मिया १७:९ मा पनि मानिसको हृदय सबै कुराभन्दा छलि हुन्छ, त्यसलाई कसले जान्न सक्छ ? यदि कुनै पाप क्षमा भएको छैन भने तिनीहरुको लागि बाहेक अरुहरुको लागि पुर्नगणना हुन्छ । विवेकले शान्ति पाउन सकिँदैन । त्यहाँ धेरै पापहरु होउन्जेलसम्म तिनीहरुलाई त्यस विषयमा थाहा हुँदैन वा तिनीहरुले सम्झन सक्दैनन् । पुराना लेखकहरुले पनि गवाही दिन्छन् कि गणना गर्न आवश्यक छैन । किनकी निर्णयमा क्रिसककोस्टोमले उल्लेख गरेका छन् । जसले यसरी भन्दछन् : “म तिमीलाई भन्दछु

कि तिमीले आफैलाई सार्वजनिक आरोप लगाउनु पर्छ जसले भन्दछन्, तिमीहरु आफैलाई परमेश्वरको अगाडी प्रकट गर । यसकारण तपाईको पाप साँचो न्यायाधिस हाम्रो परमेश्वरको अगाडी प्रार्थना सहित स्वीकार गर्नुहोस् । तपाईको गल्ती भन्नुहोस्, ओठ जिब्रोबाट मात्र होईन तर तपाईको स्वविवेकको स्मरणशक्तिद्वारा आदि ।" अनि (Of Repentance, Distinction 5, Chapter: Consideret) तपाईको चमकले यो स्वीकार गर्छ कि, स्वीकारोक्ति चाहिँ मानिसको अधिकार मात्र हो । धर्मशाश्त्रबाट आज्ञा गरिएको कुरा हो । तथापी मुक्तिको सबैभन्दा ठूलो फाइदाको लेखामा र यो साँच्चै विवेकको लागि आवश्यक भएकोले स्वीकारोक्ति हाम्रो बीचमा राखिएको छ ।

लेख २६ मासु खाने विषयमा भएको बिभिन्नतामा

मण्डलीमा भएका मानिसहरु र ती शिक्षाहरु दुबैले साधारणतया यी कुराहरु बुझ्नुपर्छ कि मासु खाने विषयमा भिन्नता ल्याउनु र त्यस्तै अन्य मानिसले बनाएका परम्पराहरुले चाहिँ अनुग्रहको योग्य हुन र पाप क्षमा पाउन सहायता गर्ने काम गर्छ । अनि यो स्पष्ट छ कि संसारले तथ्यहरुबाट यी कुराहरु सिक्छ कि नयाँ समारोह, नयाँ क्रम, नयाँ पवित्र दिन र नयाँ चाडपर्वमा हुने उपवास चाहिँ दैनिक रुपमा हुनुपथ्र्यो । अनि मण्डलीका शिक्षकहरुले यी निश्चित कामहरुलाई सेवाको रुपमा गर्ने गर्थे । जुन अनुग्रहको योग्य हुनलाई हो त्यसले गर्दा यदि कसैले यी कराहरु मध्ये केहि छोड्नु पर्छ भने मानिसको

बिचारमा भय उत्पन्न हुन्थ्यो । अनि यस्तो परम्परामा विश्वास दिलाउने कुराले चाहिँ मण्डलीलाई बिगार्ने काम गर्छ ।
पहिलो, यस्ता परम्पराहरुले अनुग्रहको शिक्षालाई धार्मिकताको विश्वासको कुरालाई अस्पष्ट बनाउने काम गर्छ जुन चाहिँ सुसमाचारको मुख्यभाग हो । अनुग्रहको शिक्षाचाहिँ मण्डलीमा एकदमै प्रमुख रुपमा उभिनु पर्छ । जसले ख्रीष्टको योग्यतालाई सबैले बुझ्न सक्ने बनाउँछ अनि विश्वासलाई माथि गराउँछ । जसले विश्वास गर्छ कि कामले भन्दा पनि ख्रीष्टको माध्यमबाट पापक्षमा भएको छ । यहि कारणले पावलले पनि यस लेखको सन्दर्भमा एकदमै जोड दिएका छन् अनि कानुन र मानिसको परम्परालाई एकातिर राखेका छन् । जसले गर्दा काम भन्दा अरु केहि महत्वपुर्ण हो भनेर देखाएको छ अर्थात् जसले विश्वास गर्छ त्यसले ख्रीष्टबाट सित्तैमा पापको क्षमा पाएको छ । तर पावलको यो शिक्षा चाहिँ अहिले करिब पुर्ण रुपमा निदाएको छ जसले एउटा धारणाको बिकास गरेको छ कि हामी मासु खाने विषयमा फरक कुरा र यस्तै फरक मत राखेर अनुग्रह र धार्मिकता पाउन योग्य छौं । पश्चातापको शिक्षामा कसैले पनि विश्वासलाई उल्लेख गरेको छैन अनि तिनीहरुले केवल सन्तुष्टि हुने काम मात्र प्रस्तुत गरेका छन् अनि सम्पुर्ण सपस्या चाहिँ तिनीहरुमा रहेको छ जस्तो लाग्थ्यो ।

दोश्रो, यो परम्पराहरु परमेश्वरको आज्ञाहरुमा अस्पष्ट छ किनकी परम्परा चाहिँ परमेश्वरको आज्ञाभन्दा धेरै माथि राखिएको थियो । मानिसहरुले सोच्ने गर्थे कि इसाईत्व चाहिँ निश्चित पवित्र दिन,

संस्कार, उपवास र नियमको पालनामा मात्र सम्मिलित हुन्छ । यी कुराको पालनाबाट तिनीहरु आफैलाई आत्मिक जीवनमा र सिद्ध जीवन बाँचेको कुराको उपाधी हरेकको बोलावट अनुसार दिने गर्छन् । अर्थात् त्यसले गर्दा बुबाले आफ्नो सन्तान बढाउन सक्छन् र आमाले बालबच्चा स्याहार्न सक्छन् । अनि राजकुमारहरुले आफ्नो देशलाई चलाउन सक्छन् । तिनीहरुले सोच्थे यी कामहरु संसारीक र अपुर्ण थिए अनि चम्कीलो अबलोकनहरु भन्दा धेरै तल थिए । अनि यो गल्तीले चाहिँ बुद्धिमानी विवेकलाई यातना दिन्छ । जसले शोक गर्छ कि तिनीहरु अपुर्ण जीवनको स्थीतिमा रहेका थिए जस्तो विवाहमा अनि न्यायाधिसको काममा वा अन्य नागरिक मन्त्रालयहरुमा । अर्कोतिर तिनीहरुले भिक्षु र ति मानिसहरुको प्रशंसा गर्छन् अनि गलत प्रकारले बिचार गर्छन् कि यस्ता मानिसहरुको बारेमा ध्यान दिनु चाहिँ परमेश्वरको लागि अझ ग्रहणयोग्य हो ।

तेश्रो, परम्पराले बुद्धिलाई एकदमै ठूलो जोखिममा धकेल्यो किनकी सबै परम्परालाई राख्नु असम्भव थियो अनि अझ मानिसले आराधनाको लागि चाहिने अभिनय गर्ने यी अबलोकनलाई न्याय गर्‍यो । ग्रेसन लेख्छन् कि धेरै मानिसहरु निराशामा परेका छन् अनि ती केहिहरुले आफ्नो जीवन पनि दिएका थिए किनकी तिनीहरुले परम्परालाई निरन्तरता दिन सक्दैनन् भनि सोच्थे अनि तिनीहरु सँग सबै कुरा थियो । जसले गर्दा तिनीहरुले कुनै पनि विश्वासबाटको धार्मिकता र अनुग्रहको सान्त्वनालाई सुन्न खोजेनन् । हामी देख्छौं कि समिष्ट र इश्वरशाश्त्रीहरुले परम्परालाई पछ्याउँछन्

अनि न्युनिकरण गर्न खोज्छन् । जसबाट बुद्धि प्राप्त हुन्छ र अझ तिनीहरु पुर्ण रुपमा निर्दोष हुँदैनन् तर कहिलेकाही त्यसमा फस्न सक्छन् र अझैं बुद्धिमान पनि बन्न सक्छन् । अनि बिद्यालयहरु र बचन प्रचारकहरुमा यस्तो परम्पराले स्थान लिन्छ कि तिनीहरुसँग धर्मशाश्त्रलाई छुने अनि विश्वासको, क्रुसको, आशाको, नागरिक मामिलाको, मर्यादाको, पिडाले थाकेको अवस्थामा दिने सान्त्वनाको फाइदाजनक शिक्षाहरुको खोज ीगर्ने समय हुँदैन । त्यसैले ग्रेसन र अरु केहि इश्वरशाश्त्रीहरुले गम्भीर रुपमा गुनासो गरेका थिए कि परम्पराको विषयमा भएको यो प्रयासले शिक्षाको गम्भीर प्रकारको कुरामा ध्यान केन्द्रित गर्न लगाउँछ । अगष्टिनले पनि यसलाई निषेध गर्छन् कि मानिसको विवेक पनि यस्तो कामहरुबाट बोझिलो हुनु पर्छ अनि जानुयरिसले पनि विवेकपुर्ण प्रकारले सल्लाह दिन्छन् कि उसले सबै कुराहरुलाई उसका यी शब्दहरुको लागि फरक प्रकारले हेर्नु पर्छ भन्ने कुरा जान्नु पर्छ ।

यी कराणहरुको लागि हाम्रो शिक्षकहरुले यो विषयलाई हतार नगरी वा विषयको घृणाबाट गलत शंकाको रुपमा लिएका छन् । यी गल्तीहरुको विषयमा मण्डलीहरुलाई चेतावनी दिनु एकदमै ठूलो आवश्यकता थियो जुन चाहिँ परम्पराको गलत बुझाईबाट माथि आएको थियो । किनभने सुसमाचारले हामीलाई अनुग्रहको शिक्षाको विषयमा र विश्वासको धार्मिकताको विषयमा जोड दिन बाध्य पार्छ । यदि तिनीहरुले अनुग्रहको योग्यतामा पुग्न तिनीहरुको आफ्नै इच्छाले सक्छन् भनी सोच्छन् भने मानिसहरुले यी कुराहरु बुझ्न सक्दैनन् ।

यसकारण हामीले यसरी सिकाएका छौं कि मानिसले बनाएका परम्परालाई पालना गरेर अनुग्रह पाउन वा पापमुक्त हुन सक्दैनौं अनि हामीले यो सोच्नु पर्छ कि यस्तो कामको पालना गर्नु चाहिँ आराधनाको आवश्यक काम हो । यसमा अव हामी धर्मशाश्को गवाहीलाई थपौं । मत्ती ५:३ र ९ मा ख्रीष्टले भन्नु हुन्छ । ती प्रेरितहरुको रक्षा गर जसले यस्ता खालका परम्पराहरुलाई पालना गर्दैनन् । जवकी कुनै कुरा भएजस्तो देखिन्छ कि जुन चाहिँ गैह्रकानुनी हुँदैन तर यो व्यवस्थाको मुहान शुद्ध गर्ने कुरा सँग सम्बन्धित हुन्छ । अनि उहाँ भन्नुहुन्छ तिनीहरु व्यर्थमा मेरो उपासना गर्दछन् तर तिनीहरुका शिक्षा मानिसहरुले सिकाएका बिधि मात्र हुन् । यसकारण उहाँले कुनै पनि व्यर्थ प्रकारको आराधना चाहानुहुन्न । यसपछि छोटो रुपमा उहाँ थप्नु हुन्छ । जे कुरा मुखबाट भित्र जान्छ त्यसले मानिसलाई अशुद्ध पार्दैन । यसैले पावलले रोमी १४:१७ मा भन्दछन्, "परमेश्वरको राज्य भनेको खानु र पिउनु होईन । कलस्सी २:१६,२०–२१ यसकारण खान र पिउनमा वा पर्वको दिन वा औंसी वा शवाथ दिन मान्ने विषयमा कुनै मानिसले तिमीहरुलाई दोष नदेओस् ।" अनि २०–२१ मा भन्दछन्, "यदि संसारका आधारभुत सिद्धान्तहरुप्रति ख्रीष्टसँग तिमीहरु मरेका छौं भने यस संसारका जस्ता भई किन तिमीहरु बाँचिरहन्छौ ? नियमहरुका अघि किन झुक्छौं ? नसमात, नचाख, नछोओ ।" अनि पत्रुसले प्रेरित १५:१०–११ मा भन्दछन्, "यसकारण चेलाहरुका काँधमा यो जुवा राखिदिएर किन परमेश्वरको परिक्षा गर्नु हुन्छ ?" यो जुवा

न ता हाम्रा पिता पुर्खाले न हामीले बोक्न सक्यौं । तर हामी विश्वास गर्दछौं कि प्रभु येशूको अनुग्रहबाट हामीले उद्धार पाएका छौं जसरी तिनीहरुले पनि पाएका छन् । यहाँ पत्रुसले हामीलाई या त मोशाको होस् वा अरुहरुको होस् धेरै संस्कारहरुसँगै बोझिलो हुन निषेध गर्नुभएको छ । अनि १ तिमोथी ४:१,३ मा पावलले "मासु खान निषेध गर्नु चाहिँ दुष्टको शिक्षा हो" भनेका छन् । यसैले त्यो तिनीहरुद्वारा हामी अनुग्रहको योग्य हुन सक्छौं वा जस्तो कि इसाईत्व यस्तो परमेश्वरको सेवा बिना अस्तित्वमा आउन सक्दैन ।

यहाँ हाम्रो बिपरित बस्तु छ कि हाम्रा शिक्षकहरु अनुशासनको विरुद्धमा जान्छन् अनि शरीरको मृत्युको विरुद्धमा जान्छन् । जस्तो जोमिनियनले भनेका छन् । तर हामी हाम्रो शिक्षाहरुको लेखबाट बिबादास्पद कुराहरु सिक्छौं । किनकी तिनीहरुले जहिल्यै क्रुसको विषयमा सिकाएका थिए कि इसाईहरुले सधैंभरि दुःख सहेर मात्र फाईदा पाउँछन् । यो एक सत्य, गहिरो र अपरिचित मृत्यु हो अर्थात् बिभिन्न दुःखहरुको अभ्यास गर्नलाई अनि ख्रीष्टसँगै क्रुसमा टाँगिनलाई हो ।

यसबाहेक हामी यो सिकाउँछौं कि हरेक इसाईले तालिम लिनु र शारीरिक रुपमा संयमता अपनाएर वा शारीरिक अभ्यास र प्रयासद्वारा आफैलाई बशमा राख्नु पर्छ । जसले गर्दा न त तृप्त हुन सकिन्छ न त अल्छिपनाको परिक्षाले पाप नै ल्याउँछ । तर यसबाहेक यस्तो अभ्यासबाट हामी अनुग्रहको योग्य बन्न सक्दैनौं वा

पाप क्षमा पाउन सक्दैनौं । अनि यस्तो बाह्य अनुशासनले सधैं भरिको लागि उत्साह दिनु पर्छ । केहि तोकिएको दिनको लागि मात्र होईन । ख्रीष्टले लुका २१:३४ मा यो आज्ञा गर्नु भयो । "तर तिमीहरु आफ्नो विषयमा होसियार रहो नत्रता भोगबिलास, मतवालीपन र जीवनको फिक्रिले तिमीहरुको मन दविएला र तिमीहरुमाथि एक्कासी त्यो दिन पासो झैं आईपर्ला ।" अनि मत्ती १७:२१ मा भन्नुभएको छ, तापनि यस किसिमको भुत चाहिँ प्रार्थना र उपवासबिना निक्लदैंन । पावलले पनि १ कोरिन्थी ९:२७ मा भन्दछन्, "तर म आफ्नो शरीरलाई कठोरतासाथ सधाँउछु र यसलाई बसमा राख्छु ।" यहाँ उनले स्पष्टसँग देखाउँछन् कि उनले आफुलाई आफ्नो शरीरको अधिनमा राखेका थिए । त्यो अनुशासनबाट पाप क्षमाको योग्य हुनलाई होईन तर उनको शरीरलाई अधिनतामा राख्न र आत्मिक कुरातिर लगाउनको लागि हो । अनि उसको कामलाई बोलावटबाट बाहिर निकाल्नको लागि हो । यसकारण हामीले उपवासलाई निन्दा गर्दैनौं तर परम्परालाई गर्छौं कि केहि दिनको लागि तोक्छौं अनि खतरा विवेकले मासु खान्छौं जस्तो यस्ता कामहरु चाहिँ आराधनाको आवश्यक स्वरुप हो ।

तथापि धैरै परम्पराहरु हाम्रो भागमा राखिएको छ । जुनचाहिँ मण्डलीमा सहि क्रममा सञ्चालन भएको छ जस्तो बुहमतमा भएको पाठको क्रम जस्तो अनि मुख्य पवित्र दिनमा भएको जस्तै । तर त्यहि समयमा हामी मानिसहरुलाई चेतावनी दिन्छौं कि यदि तिनीहरुले कुनै पनि अपराध गर्न छोडेका छन् भने यस्तो पालनाले

परमेश्वरको अगाडी सिद्ध तुल्याउँदैन अनि यस्तो कुराहरुमा पाप देखिँदैन । यस्तो मानिसले बनाएको संस्कारको स्वतन्त्रता चाहिँ पितालाई राम्रोसँग थाहा थियो । किनकी पुर्वमा तिनीहरुले इस्टर राखे जुन चाहिँ तिनीहरुले रोममा गरेको भन्दा फरक समयमा थियो । अनि ती रोमीहरुले यस्तो बिबिधताको पुर्वीय मण्डलीहरुलाई बिभाजनको आरोप लगाए । अरुले तिनीहरुलाई चेतावनी दिए कि यस्तो प्रयोग चाहिँ सबै ठाउँमा गरिनु पर्दैन । अनि इरेनायुस ले भन्दछन्, उपवासको असन्तुष्टिले विश्वासको सद्भावलाई नष्ट पार्दैन । पोप ग्रेगरी ले पनि Dist XII मा आत्मियता राखेका छन् कि यस्तो बिबिधताले चाहिँ मण्डलीको एकतामा असर पार्दैन । अनि Tripartite History को पुस्तक ९ मा लेखिएको छ । त्यहाँ बिभिन्न प्रकारका फरक संस्कारको उदाहरणहरु संग्रह गरिएको छ अनि यी बचनहरु लेखिएका छन्, पवित्र दिनको विषयमा नियम लागु गर्ने कुरा प्रेरितको बिचारको कुरा होईन तर इश्वरीय प्रचार र पवित्र जीवन जीउनको लागि विश्वासको बारेमा सिकाउने र प्रेम गर्ने कुरा हो ।

लेख २७ सन्यासी प्रतिज्ञामा

हामीले सिकाएको कुरामा यो बुझ्न सजिलो छ कि हामी सन्यासी प्रतिज्ञाको बारेमा सिकाउँछौं । यदि हामीले कुन क्षेत्रमा मठहरु रहन्छन् भन्ने कुरा सम्झन्छौं र दैनिक रुपमा त्यहि मठहरुमा पुजा गर्छौं भने त्यो व्यवस्थाको विपरित हुन्छ । अगस्टिनको समयमा

तिनीहरु स्वतत्र संगठनमा थिए । त्यसपछि अनुशासन भ्रष्टाचारमा परिवर्तन भयो । त्यसपछि प्रतिज्ञाहरु अनुशासनलाई पुनःस्थापना गर्ने उद्देश्यका साथ सबैतिर थपियो, जस्तो होसियारी पुर्वक योजना बनाईएका कुराहरुमा हुन्छन् । बिस्तारै अरु धैरै पालनाहरु प्रतिज्ञाको साथमा थपिएका थिए । अनि धैरैले यो कुरा कानुनी उमेरभन्दा अगाडी नै प्राप्त गरे जुन चाहिँ व्यवस्थाको विरुद्धमा हो ।
धैरै मानिसहरु आज्ञानताद्वारा यो बाटो भएर गए किनकी तिनीहरुले आफ्नै बललाई गलत प्रकारले बुझे अझ तिनीहरु पर्याप्त वृद्धि थिए । यसरी उनीहरु पासोमा परे । अनि छोडिईन बाध्य भए । अझ केहि व्यक्ति चाहिँ व्यवस्थाको उपलब्धताबाट स्वतन्त्र हुन पनि सक्थे । अनि यो चाहिँ आमाहरुको सम्मेलन भन्दा पनि भिक्षुहरुको मामलामा बढि हुन्छ । अझ यसले कमजोर यौन भावनाको विचार राख्छ । यो कष्टले अहिले भन्दा अगाडीको धैरै मानिसहरुलाई बेखुसी तुल्याएको छ । जसले जवान पुरुष र महिलाहरु आफ्नो जीवनलाई सन्यासी आश्रममा फालेको देखे । तिनीहरुले कस्तो दुर्भाग्यपुर्ण नतिजा आएको छ, कस्तो निन्दा आएको छ अनि बुद्धिमान मानिसहरुमा कस्तो पासो थापिएको छ भन्ने कुरा देखे । तिनीहरुले यस्तो खालको खतरनाक कुरामा भएको व्यवस्थाको अधिन पुर्ण रुपमा तिरस्कार गरिएको र घृणित भएको भन्ने कुरामा शोक व्यक्त गरे । अनि यसको साथै यी दुष्ट कुराहरुको लागि त्यहाँ यी प्रतिज्ञाहरुको विषयमा एउटा धारणा उठेको छ कि त्यो एक समय जुन बेला भिक्षुहरुसँग पनि तिनीहरु खुसी थिएनन् । कम्तीमा तिनीहरु केहि बढि दयालु थिए । तिनीहरुले यो सिकाउँथे कि

प्रतिज्ञाहरु चाहिँ बप्तिष्मा जस्तै हो । तिनीहरुले यो पनि सिकाउँथे कि यस प्रकारको जीवनद्वारा तिनीहरु पाप क्षमाको योग्य हुन्छन् र परमेश्वरको अगाडी धर्मी ठहरिन्छन् । यो भन्दा बढि तिनीहरुले थप्छन् कि सन्यासी जीवन केवल परमेश्वरको अगाडी योग्य हुने धार्मिक जीवन होईन तर यो भन्दा बढि हो किनकी यसले केवल आज्ञा पालन गर्दैन तर सुसमाचारीय परामर्श पनि दिन्छ ।

यसरी तिनीहरुले मानिसहरुलाई मनाए कि सन्यासी बन्ने काम चाहिँ बप्तिष्मा भन्दा एकदमै असल हो । अनि त्यहाँ सन्यासी जीवन यसको लागि न्यायाधिसको जीवन, पाष्टरको जीवन र यस्तै प्रकारका मानिसहरु भन्दा अझ योग्य बन्छ । जसले कुनै पनि मानिसले बनाएका काम भन्दा पनि आफ्नो बोलावटलाई परमेश्वरको आज्ञा अनुसार लिएर चलाउँछन् । यी कुरा मध्ये कुनै कुरालाई पनि इन्कार गर्न सकिँदैन किनकी तिनीहरु आफ्नै पुस्तकमा देखा पर्छन् । यसको अलावा जो व्यक्ति यस्तो प्रकारको जालमा परेको छ अनि सन्यासी बन्न गएको छ उसले ख्रष्टिको बारेमा केहि सिक्छ ।

त्यसपछि अब मठहरुको हालत के हुन्छ त ? तिनीहरुले एकचोटी स्कुलको पवित्र पुस्तक छुन खोजे अनि अरुलाई अनुशासनमा राख्न खोजे । जुन चाहिँ मण्डलीमा आवश्यक थियो । तिनीहरुले पाष्टरहरु र बिशपहरु उत्पादन गरे । अब यो कथा फरक छ । सबै मानिसहरुले जानेका कुराहरुको अभ्यास गर्नु आवश्यक छैन । पहिले तिनिहरु सिक्नको लागि सँगसँगै भेला हुन्थे अहिले तिनीहरु यस्तो

जीवन चाहिँ केवल अनुग्रहको योग्य हुन र धार्मिकतामा रहनको लागि मात्र प्रयोग भएको हो भन्ने बहाना गर्छन् । अझ भन्नुपर्दा यो चाहिँ सिद्धताको कुरा हो भनि तिनीहरु सिकाउँछन् अनि तिनीहरुले यसलाई अरु इश्वरीय जीवनको बाटो भन्दा माथि राख्छन् । हामीले यी कुराहरुलाई अतिरञ्जित प्रकारले घृणा नगरीकन उल्लेख गरेका छौं। जसले गर्दा यस विषयमा भएको हाम्रो शिक्षकहरुको शिक्षा असल प्रकारले बुझ्न सकिन्छ ।

पहिलो तिनीहरुको सन्दर्भमा जसले विवाह गरेका छन् । हामी सिकाउँछौं कि जो मानिसहरु ब्रह्मचारी जीवन बिताउन योग्य छैनन् । तिनीहरुलई विवाह गर्न अनुमति दिईन्छ किनकी प्रतिज्ञाले परमेश्वरको आज्ञ र आदेशलाई रद्द गर्न सक्दैन । १ कोरिन्थी ७:२ अनुसार, तर व्यभिचारसम्बन्धी परिक्षा अनेक भएका हुनाले हरेक मानिसको आफ्नै पत्नी होस् र हरेक स्त्रीको पनि आफ्नै पति होस् । यो एउटा आज्ञा मात्र होईन तर परमेश्वरको सृष्टि र त्यससम्बन्धी आदेश पनि हो । जसले तिनीहरु जो परमेश्वरको कुनै एउटा मात्र कामबाट पनि बाहिरीएका छैनन् जसले तिनीहरुलाई बल दिने गर्छ । उत्पत्ती २:१८ मा लेखिएको छ, "मानिस एक्लो रहन असल छैन ।" यसकारण परमेश्वरको आज्ञा र आदेशको पालना गर्नु चाहिँ पाप होईन ।

यसमा अरुले के कस्ता आपत्ती जनाउन सक्छन् ? तिनीहरुले चाहे जति नै तिनीहरुको प्रतिज्ञाको दायित्वको प्रशंसा गर्न दिऊँ तर

तिनीहरु कुनै पनि प्रतिज्ञा बिना परमेश्वरको आशा गर्न सक्षम हुँदैनन् । व्यवस्थाले सकाउँछ कि विशिष्टहरुको अधिकार चाहिँ हरेक प्रतिज्ञालाई हटाउनु हो अनि ति प्रतिज्ञाहरु पोपको निर्णयको विरुद्धमा बाधिँदैन । यसकारण धेरै थोरै, यी प्रतिज्ञाहरु बाधिँन्छन् जुन चाहिँ परमेश्वरको आज्ञाको विरुद्धमा छन् ।

अब यदि प्रतिज्ञाको दायित्व कुनै पनि हालतमा परिवर्तन हुन सक्दैन भने रोमी पोपहरुले कुनै बिभाजन ल्याउँदैनन् । किनकी मानिसलाई कुनै पनि दायित्वको रद्द गर्ने अधिकार छैन जुन पहिलेदेखि नै इश्वरीय छ । तर रोमी पोपहरुले विवेकपुर्वक न्याय गर्छन् कि यस दायित्वमा अवलोकन गर्नु चाहिँ उदारता हो । यसकारण हामी धेरै पटक तिनीहरुले प्रतिज्ञा दिएको कुरा पढ्छौं । अरागोनको राजाको सन्दर्भमा जो चाहिँ सन्यासी जीवनबाट फर्केका थिए र त्यस सम्बन्धी सबै कुरा थाहा थियो अनि त्यहाँ हाम्रो आफ्नै समयमा केहि उदाहरणहरु पनि छन् । यसकारण यदि क्षणिक इच्छाहरुलाई सुरक्षा दिनको लागि बितरणको बृद्धि गर्नु सम्भव छ भने यो प्राणको कष्टको लेखामा तिनीहरुलाई ठिक प्रकारले बृद्धि गर्न अझ उत्तम हुन्छ ।

दोश्रो स्थानमा, किन हाम्रो बिरोधीहरुले दायित्वलाई बढाईचढाई गर्छन् वा प्रतिज्ञाले तिनीहरुलाई असर पार्छ, अनि त्यहि समयमा तिनीहरुले प्रतिज्ञाको प्रकृतिको बारेमा भन्ने कुरा केहि छैन कि यसले केहि सम्भव कुरा गर्नु पर्छ र स्वेच्छिक कुरा गर्नु पर्छ अनि त्यसलाई

स्वेच्छाले र जानीजानी लिनुपर्छ । तर हरेकले चिरस्थायी पवित्रता कायम गर्न कति हदसम्म क्षमतावान छन् । अनि अति काम मानिसहरुले आफ्नै इच्छाले र जानी जानी प्रतिज्ञा गरेका छन् । दाजुभई तथा दिदिबहिनीहरु, तिनीहरु न्याय गर्न सक्ने हुनुभन्दा अगाडी तिनीहरु मनाईनुपर्छ । अनि कहिलेकाहिँ प्रतिज्ञा गर्न बाध्य हुनुपर्छ । यसकारण कडाईका साथ दायीत्व पुरा गर्न जिद्धि गर्ने कुरा निष्पक्ष छैन । जवसम्म सबैजना यो प्रतिज्ञाको प्रकृतिको विरुद्धमा छ भन्ने कुरामा सहमत हुदैँनन् कि कसैले पनि सहमति र उचित बिचार बिमर्श बिना यसलाई बनाउनु पर्छ ।

प्रायजसो प्रमाणित व्यवस्थाहरु खारेज भएका प्रतिज्ञाहरु हुन् । जुन चाहिँ १५ वर्षको हुनु भन्दा अघि नै बनाईएको थियो । किनभने यो उमेर अघि तिनीहरुले पर्याप्त मात्रामा सजाय गर्ने गरि निर्णय गर्न सकिँदैन थियो । जसले उनीहको बाकीं जीवनमा असर पर्छ । अर्को व्यवस्था जसले कमजोर मानिसलाई बढि भत्ता दिन्छ । अनि अरु केहि वर्ष थपिन्छ किनकी १८ वर्ष अगाडी प्रतिज्ञा गर्न निषेध गरिएको छ । तर यी दुई व्यवस्थाहरु मध्ये कुन चाहिँ व्यवस्थालाई पछ्याउने त ? एउटा ठूलो समुहले मठहरु छोड्नको लागि बाहाना बनाउँछन् । किनकी तिनीहरु मध्ये धेरैले त्यो उमेरमा पुग्नु अगाडी नै आफ्नो प्रतिज्ञा राख्छन् ।

अन्त्यमा प्रतिज्ञा पुरा नगर्ने कुराको विषयमा हप्काउने अवस्था पनि आउन सक्छ । अझ यो सिधा अगाडी बढेको देखिँदैन कि यस्तो

व्यक्तिको विवाहचाहिँ बिथोलिन्छ । किनकि अगस्टिनले यसलाई इन्कार गर्छन् कि तिनीहरु बिथोलीनु पर्छ । जसको अधिकारको केहि तौल हुन्छ । अझ यदि अरु मानिसहरु यसपछि फरक प्रकारले सोच्छन् । (अगस्टिन २७, प्रश्न १, पाठ Nuptiarum)

तर यद्यपी विवाहको सन्दर्भमा परमेश्वरको आज्ञा तिनीहरुको प्रतिज्ञाद्वारा धेरै मानिसमा देखिन्छ । अझ हाम्रा शिक्षकहरुले पनि प्रतिज्ञाको विषयमा आफु शुन्य छु भन्ने देखाउनलाई अर्को तर्क गर्छन् । किनकी परमेश्वरको सेवा गर्ने हरेक कुरा मानिसको छनौट हो अनि परमेश्वरको आज्ञापालन बिना हामी धार्मिकताको र अनुग्रहको योग्य बन्न सक्दैनौं । जुन चाहिँ दुष्ट कुरा हो, जस्तो ख्रीष्टले मत्ती १५:९ मा भन्नुभएको छ, तिनीहरु व्यर्थमा मेरो उपासना गर्दछन्, तर तिनीहरुका शिक्षा मानिसहरुले सिकाएका विधि मात्र हुन् । अनि पावलले धेरै ठाउँमा सिकाउँछन् कि धार्मिकता चाहिँ हाम्रो आफ्नै आज्ञापालन र आराधनाको कामबाट खोजिनु हुँदैन अनि हाम्रो योजनामा गरिनु हुँदैन तर यो विश्वासबाट तिनीहरुमा आउँछ जसले ख्रीष्टबाट हामीले परमेश्वरको अनुग्रह पाएका छौं भन्ने विश्वास गर्छन् ।

भिक्षुहरुले स्पष्ट रुपमा सिकाए जबकी मानिसले बनाएको आज्ञाहरुको मानिसको पाप क्षमा गर्न सक्छ । अनि परमेश्वरको अगुन्रह पाउन र न्याय पाउन सकिन्छ । साँच्चै नै यसले केवल परमेश्वरको महिमालाई हटाउने काम गर्छ अनि विश्वासबाट आउने धार्मिकतालाई

अस्पष्ट बनाउने र इन्कार गर्ने काम गर्छ । यसकारण यसले यो पछ्याउँछ कि यी प्रतिज्ञाहरु चाहिँ साधारण र आराधनाको दुष्ट स्वरुप हो अनि यहि कारणले गर्दा तिनीहरु शुन्य भएका छन् । किनकी एउटा दुष्ट प्रतिज्ञा जुन चाहिँ आज्ञाको विरुद्धमा लिईन्छ जुन चाहिँ बैधानिक छैन । किनकी कुनै पनि प्रतिज्ञा अधार्मिकताको बन्धन हो जस्तो व्यवस्थाले भन्छ ।

पावल गलाती ५:४ मा भन्दछन्, "तिमीहरु जो व्यवस्थाद्वारा धर्मी ठहरिन चाहान्छौ, तिमीहरु ख्रीष्टबाट अलग भएका छौ ।" तिमीहरु अनुग्रहबाट तल खसेका छौ । यसकारण प्रतिज्ञाद्वारा धार्मिक बन्न खोज्ने मानिसहरुको लागि पनि ख्रीष्टले कुनै पनि असर पार्नु भएन अनि तिनीहरु अनुग्रहबाट बञ्चित भए । तिनीहरुको लागि जो प्रतिज्ञालाई न्याय गर्ने कुराको श्रेय दिन्छन् । तिनीहरुले आफ्नै कामलाई श्रेय दिन्छन् । जुन उपयुक्त प्रकारको ख्रीष्टको महिमा थियो ।

वास्तवमा कसैले पनि इन्कार गर्न सक्दैनन् कि भिक्षुहरुले आफ्नो प्रतिज्ञा र त्यसको पालनाबाट तिनीहरु धार्मिक बन्छन् र पापको क्षमाको योग्य बन्छन् भन्ने कुरा सिकाउँछन् । यो भन्दा बढि तिनीहरुले अझ बढि हास्यास्पद कुरा दावी गर्छन् अनि भन्छन् । तिनीहरुले आफ्नो काम अरुहरुसँग बाडचुड गर्न सक्छन् । यदि हामी बादविवाद गर्न चाहान्थ्यौं भने अनि यसलाई बढाउन चाहान्थ्यौं भने भने हामी यसमा धेरै कुराहरुलाई जोड्न सक्ने थियौं । जसले

भिक्षुहरुलाई समेत लज्जास्पद बनाउन सक्छ । यो भन्दा बढि तिनीहरुले मानिसहरुलाई मनाउँछन् कि मानिसहरुबाट योजना बनाईएको संस्कारहरु इसाई इतिहासको अवस्था हो । के यसले काम बाट पाउने धार्मिकतालाई श्रेय दिँदैन ? यो मण्डलीमा हुने सानो घटना होईन । तिनीहरुले मानिसले योजना बनाएको कुराको सेवा दिन्छन् । परमेश्वरको आज्ञा बिना अनि तिनीहरुले यस्तो सेवाले मानिसको न्याय गर्छ भनेर सिकाउँछन् । किनकी विश्वासको धार्मिकता चाहिँ मण्डलीमा अरु कुराहरुभन्दा बढि सिकाईनु पर्छ । तर यो अस्पष्ट हुन्छ जब ती आराधनाको आश्चर्यपुर्ण स्वर्गीय स्वरुप गरिबी देखाउने कुरा, नम्रता अनि ब्रह्मचार्य जस्ता कुराहरु मानिसको जीबनबाट फ्याँकिन्छ ।

अझ बढि परमेश्वरको उपदेश र उहाँको साँचो सेवा चाहिँ अस्पष्ट थिए जव मानिसहरुले केवल भिक्षुहरु मात्र सिद्धताको बस्तु हुन् भन्ने सुनेका थिए । किनभने इसाई सिद्धता भनेको हृदयदेखि परमेश्वरको डर मान्नु र महान विश्वास धारण गर्नु र ख्रीष्टको खातिर हामीसँग परमेश्वर हुनुहुन्छ जसले मिलाप गराउनुहुन्छ भनि भरोसा गर्नु हो । त्यसपछि परमेश्वरको बारेमा सोध्नु र हामीले गर्नु पर्ने सबै काममा उहाँमा आशा राख्नु हो । जुन चाहिँ हाम्रो बोलावट अनुसार हुन्छ अनि त्यहिबेला हामी बाहिरी काममा लगनशील हुन्छौं । जसबाट हामी बोलावट अनुसार सेवा गर्छौं । परमेश्वरको साँचो सिद्धता चाहिँ यी कुराहरुमा रहन्छ । यो ब्रह्माचार्य वा भिख मगाई वा निच लवाईमा यो रहँदैन । तर मानिसहरुले भिक्षु जीवनको

गलत प्रशंसामा धेरै हानिकारक धारणा राख्छन् । तिनीहरुले ब्रह्माचार्यहरुले नाप भन्दा धेरै प्रशंसा पाएको भन्ने सुन्छन् । यसकारण तिनीहरुले आफ्नो वैवाहिक जीवनलाई विवेक पुर्ण अपमानसँगै अगुवाई गर्छन् । तिनीहरुले मगन्तेहरुमात्र सिद्ध हुन्छन् भन्ने सोच्छन् । यसकारण तिनीहरुले आफ्नो स्वामित्वमा भएका कुराहरु राख्छन् र तिनीहरुको विवेकी अपमानसँगै व्यापार गर्छन् । तिनीहरुले सुन्छन् कि यो एक सुसमाचारीय परामर्श हो । अनि बदला लिनको लागि होईन । यसकारण कोहि चाहिँ निजी जीवनमा बदला लिन डराउँदैनन् । किनकी तिनीहरुले सुन्छन् कि यो एउटा परामर्श हो अनि आज्ञा होइन । अरुले सोच्छन् कि इसाईहरुले नागरिक काम वा न्यायाधिस बन्ने कामलाई ठिक प्रकारले लिन सक्दैनन् ।

त्यहाँ विभिन्न मानिसको उदाहरणहरु छन् जसले विवाहलाई र राष्ट्रमण्डलको व्यवस्थापनलाई त्यागेका छन् अनि आफैले भिक्षुको रुपमा लुकाएका छन् । तिनीहरु यसलाई संसारबाट पलायन हुनु भन्छन् अनि यस्तो प्रकारको जीवनको खोजी गर्ने कुरा चाहिँ परमेश्वरलाई बढि खुसी पार्ने कुरा हो । तर तिनीहरुले यो देखेनन् कि हामीले यी आज्ञाहरु पालन गरेर परमेश्वरको सेवा गर्नुपर्छ । जुन उहाँ आफैले दिनुभएको छ अनि त्यो आज्ञा मानिसको योजना होईन । मानिसको असल र सिद्ध जीवन त्यो हो जसमा परमेश्वरको आज्ञा रहन्छ । मानिसहरुलाई यो विषयमा चेतावनी दिनु आवश्यक छ ।

यी समयभन्दा अघि ग्रेसनले सिद्धताको विषयमा भिक्षुहरुको कमजोरीलाई हप्काएका छन् अनि यो गवाही दिएका छन् कि उहाँको आफ्नै समयमा यो नयाँ भनाई थियो कि सन्यासी जीवन चाहिँ सिद्धताको कुरा हो ।

प्रतिज्ञाहरु धेरै दुष्ट विचारसँग जोडिएको हुन्छन् । तिनीहरुले न्याय गर्छन्, तिनीहरुले इसाई सिद्धताको गठन गर्छन्, तिनीहरुले परामर्श र आज्ञाहरुलाई पालन गर्छन् । तिनीहरुले कार्य सम्पादन गर्छन् । यी सबै कुराहरु तिनीहरु झुटा हुनाले र खाली दावी मात्र गर्नाले प्रतिज्ञाहरु खाली र शुन्य बनेका छन् ।

लेख २८ इसाई सम्प्रदाय सम्बन्धी शक्तिमा

बिशपको शक्तिको विषयमा संसारमा ठूलो असहमति भएको छ । यसमा कसैले अनुपयुक्त रुपमा मण्डलीको शक्ति र तरवारको शक्तिलाई मिसाएका छन् । अनि यहि भ्रमबाट धेरै ठूलो युद्ध र कोलाहल हुन्छ । यसै बीचमा पोपहरु आफ्नो शक्तिमा भर पर्छन् केवल नयाँ संस्कारको स्थापना गर्न र कुनै कुराहरुको आरक्षण र निर्दयी कुराको बहिस्कारको साथै विवेकपुर्ण बोझ लिनको लागि होईन तर यस संसारको राज्यलाई स्थानान्तरण गर्नको लागि र सम्राटहरुलाई साम्राज्य दिनको लागि हो । शिक्षित र इश्वरीय मानिसरुले मण्डलीमा भएका गलत कुराहरुलाई धेरै अगाडीदेखि नै हटाएका छन् । यसकराण हाम्रा शिक्षकहरुले मानिसको विवेकको सहजताको लागि मण्डलीको शक्ति र तरवारको शक्ति बीचको फरक देखाउन बाध्य भए । अनि हामी तिनीहरुको आदर गर्नुपर्छ भन्ने

कुरा सिकाए । परमेश्वरको आज्ञा अनुसार तिनीहरु संसारको सबै भन्दा माथिको आशिष हो भन्ने बताए ।

जबकी यो हाम्रो धारणा हो : चाबीको शक्ति वा विषयको शक्ति सुसमाचार प्रचार गर्न, पापको क्षमा गर्न अनि विधिविधानको पालना गर्न कुन चाहिँ सुसमाचार अनुसार परमेश्वरको आज्ञा वा शक्ति हो । किनभने यो आज्ञा सँगै ख्रीष्टले आफ्ना प्रेरितहरु पठाउनुहुन्छ । युहन्ना २०:२१–२३ मा जसरी पिताले मलाई पठाउनुभयो त्यसरी म पनि तिमीहरुलाई पठाउँछु । पवित्र आत्मा लेओ जसका पाप तिमीहरु क्षमा गर्दैनौ, तिमीहरुको पनि क्षमा हुने छैन । अनि मर्कुस १६:१५ मा अनि उहाँले तिनिहरुलाई भन्नुभयो, "सारा संसारमा गएर सारा सृष्टिलाई सुसमाचार प्रचार गर ।"

मानिसले यो शक्तिलाई या त धेरै वा व्यक्तिगत रुपमा तिनीहरुको बोलावट अनुसार केवल सुसमाचार प्रचारको बारेमा सिकाएर र विधिविधानको पालना गरेर अभ्यास गरेको छ । किनभने यी कुरा सँगै तिनीहरुलाई शारीरिक रुपमा होईन तर अनन्तको कुरा प्रदान गरिएको छ । जस्तो अनन्तको धार्मिकता, पवित्र आत्मा, अनन्त जीवन आदि । कसैले पनि यी कुराहरु बचनको सेवाकाई र विधिविधान बिना प्राप्त गर्न सक्दैन । जस्तो पावलले रोमी १:१६ मा भन्दछन्, विश्वास गर्ने प्रत्येकका मुक्तिको निम्ति यो परमेश्वरको शक्ति हो । यसकारण मण्डलीसँग अनन्तका कुराहरु प्राप्त गर्ने शक्ति छ अनि यो बचनको सेवाकाईबाट मात्र अभ्यास गर्न सकिन्छ । अनि यो नागरिक सरकारको हस्तक्षेपमा हुँदैन । किनभने

नागरिक सरकार र सुसमाचारले फरक कुराहरुमा चासो राख्छ । नागरिक शासकले मनको विचारको रक्षा गर्दैनन् तर शरीर र शारीरिक कुराहरुको विषयमा ती सुन्छन् अनि शारीरिक चोटहरुको लागि तरवार चलाउने र शारीरिक दण्ड दिने गर्छन् । जसले गर्दा नागरिक न्याय हुन्छ र शान्ति आउँछ ।

यसकारण हामीले मण्डलीको शक्ति र राज्यको शक्तिलाई मिसाउनु हुँदैन । मण्डलीको शक्तिको पालना गर्नको लागि आफ्नै जनादेश छ । हामीले यसलाई अरुको कामलाई बिगार्ने काममा प्रयोग हुन नदिऔं । हामीले यसलाई संसारको राज्यलाई स्थानान्तरण गर्न नदिऔं । हामीले यसलाई न्यायाधिसको नियमलाई रद्द गर्न नदिऔं । हामीले यसलाई नियमसँगत आज्ञाकारितालाई समाप्त पार्न नदिऔं । हामीले यसलाई नागरिक आदेश वा करारको सन्दर्भमा न्याय र हस्तक्षेप गर्न नदिऔं । अनि हामीले यसलाई राष्ट्रमण्डलबाट लेखिएको कानुनको ढाचालाई न्याय गर्न नदिऔं । जस्तो ख्रीष्टले युहन्ना १८:३६ मा भन्नुभयो, मेरो राज्य यस संसारको होईन । अनि लुका १२:१४ मा, कसले मलाई तिमीहरुमाथि न्याय गर्ने अथवा तिमीहरुको सम्पत्ती बाडिदिने तुल्यायो ? पावल फेरि फिपिलप्पी ३:२० मा भन्दछन्, हाम्रो नागरिकता स्वर्गमा छ । अनि २ कोरिन्थी १०:४ मा भन्नुभयो, किनकी हाम्रो युद्धका अस्त्र शस्त्र संसारीक होईनन् तर किल्लाहरु नाश गर्ने इश्वरीय सामर्थ त्यसमा छ ।

यसरी हाम्रो शिक्षकहरुले हरेक शक्तिको काम कर्तव्यको विषयमा फरक बनाएका छन् अनि हामीलाई हरेकलाई आदर गर्न र सबैलाई परमेश्वरको आशिष र उपहारको रुपमा लिन आज्ञा गरेका छन् ।

यदि कुनै बिशपमा तरवारको शक्ति छ भने त्यो भएको चाहिँ सुसमाचारको जनादेशले होईन तर मानव अधिकारबाट भएको हो । जुन चाहिँ उसले उसको क्षणिक बस्तुको नागरिक व्यवस्थापनको लागि राजा र शासकहरुबाट प्राप्त गरेको हो । जवकी यो एउटा काम हो जुन चाहिँ सुसमाचार प्रचारकार्यबाट अलग्याईएको छ ।

यसकारण जब हामी बिशपको अधिकार क्षेत्रको बारेमा प्रश्न गर्छौं तब हामीले नागरिक अधिकारलाई मण्डलीको अधिकार क्षेत्रभन्दा फरक प्रकारले राख्नु पर्छ । अनि फेरि सुसमाचार अनुसार वा इश्वरीय अधिकार बाट जस्तो उनीहरुले भन्छन् कि कुनै पनि अधिकार क्षेत्रमा बिशपहरु हुँदैनन् । त्यो चाहिँ जस्तो मानिसहरु जसलाई बचन र विधिविधानको सेवाकाई सुम्पिईएको छ केवल पापक्षमा र कुनै शिक्षालाई न्याय गर्ने अधिकार सुसमाचार सँग विवादित हुने शिक्षालाई इन्कार गर्ने अनि खराब मानिसहरुलाई मण्डलीको प्रभुभोजबाट बञ्चित गराउने अधिकार दिईएको छैन । जसको खराबी थाहा छ र यी सबै कुराहरु मानवीय बलबाट भएका होईनन् तर बचनबाट भएका हुन् । यहाँ मण्डलीहरुले अनिवार्य रुपमा र इश्वरीय अधिकारबाट त्यसलाई पालना गर्नु पर्छ । लुका १०:१६ अनुसार, "जसले तिमीहरुका कुरा सुन्छ त्यसले मेरो कुरा सुन्छ ।" तर जब

कसैले सुसमाचारको विरुद्धको केहि कुरा सिकाउछन् वा संस्थान गर्छन् त्यसपछि समुहले परमेश्वरबाट आज्ञा पाउँछन् कि तिनीहरुको आज्ञाकारितालाई निषेध गर्नु । मत्ती ७:१५ मा "झुटा अगमवक्ताहरु देखि होसियार बस" भनिएको छ अनि गलाती १:८ मा हामीले प्रचार गरेका सुसमाचारको बिपरित हामीले वा स्वर्गबाट आउने दुतले नै प्रचार गऱ्यो भने पनि त्यो व्यक्ति श्रापित होस् । अनि २ कोरिन्थी १३:८,१० मा किनकि हामी सत्यको विरुद्धमा केहि गर्न सक्दैनौं केवल सत्यको निम्ति मात्र गर्न सक्छौं । अनि तिमीहरुकहाँ आउँदा प्रभुले मलाई दिनुभएको अधिकार कठोरतासाथ मैले प्रयोग गर्नु नपरोस् । त्यो त उहाँले बनाउनका निम्ति दिनुभएको हो । भत्काउनको निम्ति होईन भनिएको छ । यसैले प्रमाणिक व्यवस्थाले आज्ञा दिन्छ (II. Question. VII. Chapter, Sacerdotes & Chapter, Oves) अनि अगस्टिनले लेख्छन् (Contra Petiliani Epistolam): "यदि क्याथोलिक बिशपहरुले गलत गरे भने या त हामी उनीहरुसँग मिल्न नै पर्छ न त परमेश्वरको प्रमाणिक धर्मशाश्त्रलाई केहि विवादास्पद प्रकारले समात्न नै सक्छौं ।"

यदि उनीहरुसँग निश्चित मामला हेर्न र न्याय गर्नलाई जस्तो समारोह वा दशांसको विषयमा अनि यस्तै कुराहरुमा अरु कुनै शक्ति वा अधिकार क्षेत्र छ भने तिनीहरुले यो मानव अधिकारबाट पाएका छन् । यस्तो मामलामा जब साधारण मानिसहरु असफल हुन्छन् तब राजकुमारहरु तिनीहरुको इच्छाको विरुद्धमा तिनीहरुलाई न्याय दिलाउन अनि शान्ति ल्याउनको लागि उनीहरु बाधिन्छन् ।

अझ यो बिबादित भयो जब बिशप वा पाष्टरलाई मण्डलीमा समारोहहरु गर्न अधिकार दिईयो अनि खानेकुरा, पवित्र दिन, सेवकको श्रेणी वा क्रम अनि यस्तै अरुकुराहरुको लागि नियम बनाउन अधिकार दिईयो । तिनी जसले बिशपमा त्यो अधिकार हुन्छ भनि दावी गर्छन् । जुन हामीले युहन्ना १६:१२–१३ मा भएको गवाहीमा पाउँछौं । "मैले तिमीहरुलाई भन्ने कुरा अझ धेरै छन् तर अहिले तिमीहरु ती कुरा सहन सक्दैनौ । जब उहाँ अर्थात सत्यका आत्मा आउनुहुनेछ, तव उहाँले तिमीहरुलाई सत्यतामा डोहोऱ्याउनु हुनेछ ।" तिनीहरुले प्रेरित १५:२० मा भएको प्रेरितहरुको उदाहरणलाई पनि उल्लेख गर्छन् । "जसले रगत र घाटी थिचेर मारिएको पशुको मासुबाट अलग रहनु" भन्ने आज्ञा गर्छन् । तिनीहरुले बिश्राम दिनको उल्लेख गर्छन् । जसलाई प्रभुको दिनको रुपमा परिवर्तन गरिएको छ । जुन डिकालोगको कुरा सँग बाझिएको देखिन्छ । न त तिनीहरुले बिश्रामको दिनलाई परिवर्तन गर्ने कुराभन्दा अरु कुनै उदाहरण नै उल्लेख गर्छन् । तिनीहरु भन्छन् महान जुन चाहिँ मण्डलीको शक्ति हो जबसम्म यसलाई दश आज्ञा मध्ये एउटा आज्ञाको रुपमा दिईन्छ ।

तर यस प्रश्नमा हाम्रो मानिसहरुले सिकाउँछन् कि बिशपहरु सँग यस सुसमाचारको विरुद्धमा फैसला गर्ने शक्ति छैन जस्तो हामीले माथि देखाएका छौं । प्रमाणिक व्यवस्थाले पनि त्यहि कुरा सिकाउँछ । (Distinction 9) यसबाहेक यो स्थापित गर्न वा हामीलाई आवश्यक रितिरिवाजको पालना गर्न, पापक्षमा गर्न वा अनुग्रह र धार्मिकताको

योग्य हुनको लागि धर्मशाश्त्रको विरुद्‌धमा हो । किनभने हामी ख्रीष्टको योग्यताको महिमालाई हटाउँछौँ जब हामी यस्ता कुराहरुको पालना गरेर न्यायको योग्य बन्न प्रयास गर्छौं । जबकी स्पष्ट रुपमा मण्डलीको रितिरिवाज प्राय यस धारणाले गर्दा असिम रुपमा बाडिएको छ । जबकी एउटै समयमा विश्वासको बारेको शिक्षा र विश्वासको धार्मिकतालाई दवाईएको छ । यसैले तिनीहरुले धेरै भोजको दिन र चाडहरु बनाए । उपबासको दिन घोषणा गरे । सन्तहरुको आदरमा नया समारोह र सेवाहरु शुरु गरे किनकी यस्ता कुराहरुको लेखकले यो सोचे की यी कामहरुद्‌वारा तिनीहरु अनुग्रहको योग्य बन्छन् । यसरी यस अघि व्यवस्था तपस्याको गुणामा चासो दिईयो अनि हामी अझै पनि सन्तुष्ट रहन यसैलाई निशाना लगाएका छौँ ।

यसैगरि, परम्पराको स्थापना गर्नेहरु परमेश्वरको आज्ञाको विरुद्‌धमा हुन्छन् जब तिनीहरुले खानाहरु, दिनहरु आदीको लागि पाप बनाए अनि मण्डली लाई व्यवस्थाको दासत्वको बोझमा राखे । जस्तो परमेश्वरले केहि कुराहरुलाई लेवीहरुको सेवा जस्तै गरि राख्न प्रेरितहरु र बिशपहरुलाई आज्ञा दिनुभयो भने त्यसले गर्दा इसाईहरु न्यायको योग्य हुन्छन् । किनभने कसैले यसरी लेख्छन् । अनि पोपहरु कुनै नापबाट मोशाको व्यवस्थाको उदाहरणबाट गलत अगुवाई भएका जस्ता देखिन्छन् । जहाँबाट बोझहरु आउँछन् त्यो चाहिँ मरणशील पाप हो । अझ अरुको अपमान नगरी हरेक श्रमीकलाई पवित्र दिनमा श्रम गर्नको लागि हो । जुनचाहिँ प्रमाणीक समयमा मरणशील

पापलाई नराखिएको हो । त्यो निश्चित खानाले विवेकलाई अपवित्र पार्छ । त्यो उपवासले परमेश्वरलाई सन्तुष्ट पार्ने काम गर्छ । त्यो पाप चाहिँ आरक्षित मामिला हो जुन चाहिँ जसले आरक्षित गर्नु भएको हो । उहाँको अधिकार बिना क्षमा हुन सक्दैन । यद्यपी व्यवस्था दिनेहरुले पनि अपराधलाई आरक्षण गर्ने विषयमा बोल्दैनन् । तर इसाई सम्प्रदायको जरिवानाको आरक्षण दिने विषयमा बोल्छन् ।

जहाँबाट बिशपहरुले यस रितिरिवाजलाई हाम्रो विवेकलाई बसमा राख्नको लागि मण्डलीमा राख्ने अवसर प्राप्त गरे । जब पत्रुसले प्रेरित १५:१० मा चेलाहरुको काँधमा जुवा राख्नलाई निषेध गरेका छन् अनि पावलले २ कोरिन्थी १३:१० मा भन्दछन् , उहाँलाई दिईएको शक्ति बनाउनका निम्ति हो, भत्काउनको निम्ति होईन । यसकारण किन यी रितिरिवाजहरुद्वारा तिनीहरुले आफ्नो पाप बढाउँछन् ?

तर यहाँ स्पष्ट गवाही छ जसले यस्तो रितिरिवाज बनाउनलाई रोक्छ । जस्तो कि तिनीहरु अनुग्रहको योग्य भए वा आवश्यक पर्ने मुक्ति पाए । पावल कलस्सी २:१६, २०–२३ मा भन्दछन्, "यसकारण खान र पिउनमा वा पर्वको दिन वा औंसी वा शबाथ दिन मान्ने विषयमा कुनै मानिसले तिमीहरुलाई दोष नदेआस् । यदि संसारका आधारभुत सिद्धान्तहरु प्रति ख्रीष्टसँग तिमीहरु मेरका छौं भने यस संसारको जस्ता भई किन तिमीहरु बाँचिरहन्छौ ? नियमहरुका अघि किन झुक्छौं ? नसमात, नचाख, नछोओ । यी जम्मै कुराहरु व्यवहार

गर्दा गर्दा नष्ट भएर जान्छन् ।" यी कुराहरु मानिसहरुका आदेशहरु र सिद्धान्तहरुमा आधारित छन् । उपासनालाई कष्टदायी बनाएर र आफैलाई हियाएर र शरीरलाई शास्ती दिएर तिनीहरुले बुद्धिको स्वाग ँ त पार्छन् तर शरीरका अभिलाषालाई काबुमा ल्याउन यी कुराहरु कुनै मुल्यका हुँदैनन् । अनि तितस १:१४ मा पनि उनले खुला रुपमा रितिरिवाजलाई निषेध गरेका छन् । र सत्यतालाई इन्कार गर्ने मानिसहरुका आज्ञा र यहुदी दन्त्यकथामा ध्यान नलगाउन् ।

अनि ख्रीष्टले मत्ती १५:१४,१३ मा तिनीहरुको बारेमा भन्नु हुन्छ जसलाई रितिरिवाज चाहिन्छ । "तिनीहरुलाई छोडिदेओ ती अन्धा अगुवाहरु हुन् । अन्धाले अन्धालाई डोऱ्यायो भने ती दुवै खाल्डोमा पर्नेछन् ।" अनि उहाँले यस्तो आराधनाको स्वरुपलाई इन्कार गर्नुहुन्छ । तर उहाँले भन्नुभयो, "स्वर्गमा हुनुहुने मेरा पिताले नरोप्नुभएको हरेक बोट उखेलिनेछ ।"

यदि बिशपको असिमित रितिरिवाज सँगै मण्डलीलाई बोझ दिने र विवेकलाई बसमा पार्ने अधिकार छ भने किन धर्मशाश्त्रले धेरैपटक रितिरिवाजलाई बनाउन र सुन्नलाई इन्कार गर्ने ? किन हामी तिनीहरुलाई दुष्टको सिद्धान्त भन्ने ? १ तिमोथी ४:१मा लेखिए जस्तो, के पवित्र आत्मा हामीलाई यी कुराको विषयमा चेतावनी दिनलाई व्यर्थैमा दिईएको हो ?

यसकारण, त्यो बेलासम्म निति नियमहरु सुसमाचारको विरुद्धमा हुन्छन् जब तिनीहरु आवश्यक परुन्जेल मात्र वा तिनीहरु अनुग्रहको योग्य हुने बिचारसँग लागु गरिन्छन् । यसले बिषपहरुलाई यस्तो सेवा लागु गर्नलाई अनुमति दिईएको छैन वा आवश्यक छैन भन्ने कुरा देखाउँछ । किनभने मण्डलीमा इसाई स्वतन्त्रता जोगाउनु पर्ने आवश्यकता छ अर्थात् व्यवस्थाको बन्धन चाहिँ न्यायको लागि आवश्यक पर्ने कुरा होईन । जस्तो गलाती ५:१ मा लेखिएको छ । दह्रा भएर खडा होओ र फेरि दासत्वको जुवामुनि नपर । सुसमाचारको मुख्य कुरालाई जोगाउन महत्वपुर्ण छ अर्थात् हामीले ख्रीष्टमा विश्वास गरेर उहाँबाट सित्तैमा अनुग्रह पाउँछौं अनि निश्चित नियम पालना वा आराधनाको काम होइन जुन मानिसहरुबाट योजना बनाईएको हो ।

त्यसो भए, प्रभुको दिनको विषयमा र परमेश्वरको भवनको समान संस्कारको विषयमा के भन्ने त ? यस प्रश्नको लागि हामी यो जवाफ दिन्छौं कि बिशप वा पाष्टरले नियम बनाउनु नियमसँगत छ । जसले गर्दा मण्डलीमा सहि प्रकारले काम हुन्छ जुन चाहिँ हामी अनुग्रहको योग्य हुन वा पापक्षमा पाउन होईन वा आवश्यक सेवामा तिनीहरुलाई बुद्धिमानी पुर्वक बाँध्नको लागि हो अनि अरुको विरुद्धमा अपराध नगरी पाप छोड्नु हो । यसैले पावलले पनि १ कोरिन्थी ११:५ मा सिकाउँछन् कि स्त्रीहरुले सभामा आफ्नो शीर ढाक्नुपर्छ अनि १ कोरिन्थी १४:३० मा, अनुवादकहरुले क्रमै सँग मण्डलीमा सुन्नुपर्छ र यस्तै कुरा गर्नु पर्छ ।

यो उचित छ कि मण्डलीले यस्तो खालको नियमलाई प्रेम र शान्तिको खातिर राख्नुपर्छ । यसैले एक व्यक्तिले अर्को व्यक्तिलाई अपमान गर्दैनन् । यसैले मण्डलीमा सम्पुर्ण कुराहरु सहि प्रकारले कुनै भ्रम बिना हुन्छन् । १ कोरिन्थी १४:४० र फिलिप्पी २:१४ को तुलना गर्दा यो यस्तो प्रकारले हुनु पर्छ कि नियमहरु चाहिँ सोच्दाखेरी बोझिलो हुनु हुन्न कि यी कुराहरु मुक्तिको आवश्यक कुरा होइनन् वा तिनीहरुले पाप गरेका छन् वा छैनन् भन्ने कुराको न्याय गर्नका लागि होईनन् । जव तिनीहरुले त्यसलाई कसैको अपमान नगरी तोड्छन् । यसरी कसैले भन्दैनन् कि यदि स्त्रीले सार्वजानिक स्थानमा जाँदा शीर नढाकेको खण्डमा यदि उनले कसैको अपमान गर्दिनन् भने उनले पाप गर्छिन् ।

प्रभुको दिन, इस्टर, पेन्तिकोस र सम्पुर्ण पवित्र दिनको पालना र संस्कारहरु यो श्रेणीमा हुन्छन् । किनकी तिनीहरुले धैरै गल्ती गरेका छन् जसले सोच्छन् कि मण्डलीको अधिकारले यसलाई प्रभुको दिनलाई बिश्रामको दिनको रुपमा लिन आवश्यक बनाउँछन् । धर्मशाश्त्रले बिश्रामको दिनलाई रद्द गर्छन् किनभने यसले सिकाउँछ कि सुसमाचार प्रचार प्रकट भएसम्म मोसाको सम्पुर्ण समारोहहरु पालन गर्न सकिन्छ । अनि अझ यो निश्चित दिनमा नियुक्त गर्न आवश्यक भएकोले ती मानिसहरुले जान्नुपर्छ कि तिनीहरुले कहिले सँगसँगै आउने गर्छन् । यसले मण्डलीले प्रभुको दिनलाई यहि उद्देश्यले तोकेको भन्ने देखाउँछ । अनि यो दिन केहि थप कारणहरुले गर्दा सबै कुराहरु चुनिएको देखिन्छ । यसैले ती

मानिसहरु इसाई स्वतन्त्रताको एक उदाहरण हुन् अनि तिनीहरुलाई थाहा छ कि बिश्रामको दिन वा अरु कुनै दिनको पालना गर्नु आवश्यक छैन ।

व्यवस्था परिवर्तन गर्ने सन्दर्भमा नयाँ व्यवस्थाको सुरुवात गर्ने सन्दर्भमा र बिश्राम दिन परिवर्तन गर्ने सन्दर्भमा त्यहाँ एउटा डरलाग्दो तर्क छ । ती सबै कुराहरु गलत विश्वासबाट झरेको छ कि मण्डलीमा केहि प्रकारको लेवीहरुको सेवाको आवश्यकता छ । अनि त्यहाँ ख्रीष्टले मुक्तिको लागि आवश्यक केहि योजना बनाउन प्रेरित र बिशपहरुलाई आज्ञा दिईएको छ भन्ने जस्ता त्रुटिहरु मण्डलीमा छिर्‍यो जव विश्वासबाट आउने धार्मिकताको बारेमा मण्डलीमा स्पष्ट सँग सिकाईएन । कसैले तर्क गर्छन् कि प्रभुको दिनलाई पवित्र मान्ने कुरा इश्वरीय अधिकारद्वारा दिईएको हो । तिनीहरु पवित्र दिनको बारेमा यो काम गर्नलाई कतिको व्यवस्था अनुसार छ भन्ने कुरा लेख्छन् । विवेकपुर्ण पासो भन्दा अरु तर्कहरु के के हुन् ? किनकी यद्यपी तिनीहरुले रितिरिवाजलाई प्रयोग गर्ने प्रयास गरुन् अनि न्याय कहिल्यै स्पष्ट हुने छैन । जबसम्म धारणा रहन्छ कि तिनीहरु आवश्यक छन् । तर यो धारणा अनिवार्य रुपमा रहन्छ । जहाँ विश्वासबाटको धार्मिकता र इसाई स्वतन्त्रता परिचित हुन्छन् ।

प्रेरितहरुले प्रेरित १५:२० मा आज्ञा दिन्छन्, “रगतबाट अलग रहनु ।” यसको कसले ध्यान दिने ? अनि अझँ तिनीहरुले पाप गर्दैनन् जसले यसलाई ध्यान दिँदैनन् किनकी प्रेरितहरु आफैले पनि यस्तो प्रकारको

बोझपुर्ण कुराबाट बाँधिन चाहादैनन् । तर केहि समयको लागि अपराधको कारण बाट जोगिनलाई अपराध गर्छन् । किनभने सुसमाचार अनुरुपको उद्देश्य चाहिँ यस नियमको भागको रुपमा हेर्नुपर्छ ।

बिरलै रुपमा कुनै व्यवस्थाहरु ठिक उस्तै रुपमा राखिएको छ अनि तिनीहरु मध्ये धेरै जना हरेक दिन दुरुपयोग भएका छन् । अनि उनीहरु जसले होसीयारी पुर्वक रितिरिवाजलाई प्रयोग गरेका छन् । अनि न्याय नपाउञ्जेलसम्म यसले मानिसको विचारलाई सान्त्वना दिन सकेको छैन कि हामीलाई थाहा छ कि कुनै धारणा बिना व्यवस्था राखिएको छ जुन आवश्यक छ अनि रितिरिवाजलाई प्रयोग गर्दा विवेकमा कुनै हानी हुँदैन ।

जबकी बिशपहरुले मानिसहरुको व्यवस्था अनुसारको आज्ञापालनलाई सजिलोसँग राख्नुपर्छ । यदि तिनीहरु जिद्धि गर्दैनन् भने कि असल विवेकमा राख्न नसकिने रितिरिवानहरुको संरक्षण गर्छन् । अब तिनीहरुले ब्रह्माचारी हुन आज्ञा दिन्छन् । तिनीहरु तिनीहरुलाई मात्र स्वीकार गर्छन् जसले सुसमाचारको शुद्ध शिक्षा नसिकाउने कसम खान्छन् । मण्डलीहरुले बिशपहरुलाई तिनीहरुको आदरलाई खर्च गरेर पुन सहमति गर्ने बारेमा सोँच्छन् । तथापी यो असल पाष्टरले गर्नु उचित हुन्छ । तिनीहरुले केवल यो सोच्छन् कि तिनीहरुले अन्यायी बोझलाई छोड्नुपर्छ । जुन नयाँ छन् र त्यो क्याथोलिक मण्डलीको चलनमा बिबादास्पद भएका छन् । यो शुरुवातमा हुन सक्छ किनकी

यी मध्ये केहि नियमहरु जुन चाहिँ प्रशंसनिय कारणहरु हुन् ती चाहिँ यो पछिल्लो समयमा उपयुक्त हुँदैनन् ।

यो पनि स्पष्ट छ कि कसैले यसलाई गलत प्रकारले अपनाएका छन् । यसकारण यो तिनीहरुलाई कम गर्नको लागि पोपको दयामा आएको छ । किनकी यस्तो परिमार्जनले मण्डलीको एकतालाई भड्काउँदैन । किनभने धेरै मानवीय परम्पराहरु समयको प्रक्रियामा परिवर्तन भएको छ । जस्तो व्यवस्था आफैले देखाएको छ तर यदि पापरहित राख्न नसकेको यस्तो प्रकारको नियमलाई न्युनिकरण गर्नको लागि असम्भव छ । हामी प्रेरितिय शासन पछ्याउनको लागि बाधिएका छौं । प्रेरितीय शासन पछ्याउनको लागि बाधिएका छौं । प्रेरित ५:२९ जसले हामीलाई मानिसको भन्दा परमेश्वरको आज्ञापालन गर्न आज्ञा दिन्छ ।

पत्रुसले १ पत्रुस ५:३ मा बिशपहरुलाई प्रभु बन्न निषेध गरेर मण्डलीमाथि शासन गर्न खोजेका छन् । बिशपलाई सरकारसँग कुस्ती खेलाउनु हाम्रो आशय होईन तर हामी यो एउटा कुरा सोध्छौं अर्थात् त्यो शुद्धतामा सिकाउनको लागि सुसमाचारलाई अनुमति दिन्छन् अनि तिनीहरुले ती केहि नियमहरुमा आराम गर्छन् जुन चाहिँ पापरहित राख्न सकिने छैन । तर यदि तिनीहरुले कुनै सहुलियत बनाएनन् भने यो तिनीहरुको लागि तिनीहरुले कसरी परमेश्वरलाई सजावटको लागि तिनीहरुको जिद्धिद्वारा विभाजनको लागि कारण बन्न लेखा दिन्छन् भन्ने देखाउनको लागि हो ।

निश्कर्ष:

यी चाहिँ मुख्य लेख हुन् जुन विवादास्पद हुन सक्छ । किनकी यद्यपी हामी धेरै दुरुपयोहरुको बारेमा बोल्न सकेका छौं । अझ अनुचित प्रकारको लम्बाईबाट जोगिन । हामीले मुख्य बुदालाई अगाडी सारेका छौं जसबाट बाँकीचाहिँ सजिलै बहिस्कार गर्ने कुराको दुरुपयोगको विषयमा ठूलो गुनासो छ । सानो क्षेत्रहरु धेरै तरिकाबाट रिसाएका छन् । पाष्टर र भिक्षुहरुको बीचमा त्यहाँ संकिर्ण अधिकार, स्वीकारोक्ति, दफन, असाधारण अवसरमा हुने बचन प्रचार र यस्तै अनगिन्ति कुराहरुमा अन्त्यहिन विवाद भएको थियो । हामी यस्ता खालका मुद्धाहरु भएर गएका छौं यसैले यस विषयको मुख्य कुरालाई बिस्तृतमा राखिएको छ अनि यो अझ सजिलोसँग बुझ्न सक्ने खालको छ । न त यहाँ केहि भनिएको छ वा कसैको निन्दा गर्ने काम नै भएको छ । केवल ती कुराहरु पुन गणना गरिएको छ जुन विषयमा हामीले बोल्न आवश्यक ठान्यौं । त्यसको लागि यो बुझ्न सकिन्छ कि शिक्षा र समारोहहरु कुनै पनि धर्मशाश्त्र वा क्याथोलिक मण्डलीको विरुद्धमा प्राप्त भएको छैन । किनकी यो प्रकट भएको छ कि हामी एकदमै लगनशील भएका छौं । जसले गर्दा नयाँ र इश्वरहिन शिक्षाहरु हाम्रो मण्डलीमा छिर्नु हुँदैन । हामी माथिको लेखहरु तपाईको सर्वोच्च महिमाको आदेशसँगै प्रस्तुत गर्ने इच्छा राख्छौं । हाम्रो स्वीकारोक्तिलाई प्रदर्शन गर्नको लागि र मानिसमा हाम्रो लागि यो गर्ने इच्छा गर्छौं । यदि त्यहाँ मानिसले सोच्ने केहि कुरा छन् भने त्यो अझै स्वीकारोक्तिमा हराएको छ । धर्मशाश्त्र अनुसारको पुरा जानकारी परमेश्वरको इच्छा अनुसार मानिसमा प्रस्तुत गर्न हामी तयार छौं ।

सर्वोच्च महिमाको विश्वासयोग्य विषयः

जोन, स्याक्सोनीको खान्दानी व्यक्ति, मतदाता
जर्ज, ब्रान्डेनबर्गको पदवी
अर्नेष्ट, लुएनबगको खान्दानी व्यक्ति
फिलिप, हेसेको भारदार
जोन फेड्रिक, स्याक्सोनीको खान्दानी व्यक्ति
फ्रान्सिस, लुएनबर्गको खान्दानी व्यक्ति
उल्फग्याङ्ग, एलहाल्टको राजकुमार
न्युरेम्बर्गको राज्यसभा र न्यायाधिस
रियुटलन्जेनको राज्यसभा

www.ingramcontent.com/pod-product-compliance
Lightning Source LLC
Chambersburg PA
CBHW051331120626
46547CB00016B/2498
9781960840028